楽しい
学級をつくる
特別活動

すべての教師に伝えたいこと

著

文部科学省教科調査官
安部恭子

熊本県熊本市立帯山西小学校校長
平野修

東京都八王子市立浅川小学校校長
清水弘美

小学館

目次

第一部 鼎談 コロナ禍の特別活動とその未来

第二部 文部科学省 教科調査官 安部恭子の特別活動

II 学校経営と学級経営

III 特別活動のよさを知る

平野修の特別活動

熊本県熊本市立帯山西小学校校長

I 特別活動の重要性を考える

第一部

鼎談

コロナ禍の特別活動とその未来

東京都八王子市立
浅川小学校校長
清水弘美

文部科学省教科調査官
安部恭子

熊本県熊本市立
帯山西小学校校長
平野 修

※この鼎談は、令和2年12月に行いました。

令和二年度、コロナ禍の臨時休業中に…

安部　コロナ禍によって臨時休業になり、子供たちが不安に思う中で、校長先生や先生方は「みんなのことをいつも待っているよ」、「心配しなくても大丈夫だよ」などと伝えて学校と子供を繋ぎ、また子供同士を繋ぐために、いろいろご苦労されたと思います。

臨時休業中に一番心がけていたことはどんなことですか。帯山西小学校では、臨時休業中もICTを活用して、いろいろ工夫されていたと思いますが、先生方はどんな思いだったのでしょうか。

平野　**子供同士の繋がり、学校と子供の繋がりを絶やさないということを一番に考えていましたね。**コロナ禍の中で子供たちはそれぞれ家庭にひきこまざるを得ない状況になり、友だちとの繋がり、学校との繋がり、先生との繋がりを断ち切られたわけです。そのような状況をどうにかしたかった。とにかく、**「大丈夫だよ。一人じゃないからね。みんな繋がっているからね」というメッセージを送りたかった。**そこで、遠隔授業を試みたのが3月だったのです。

清水……繋がるも何も、新学期は担任の先生が、子供の顔も名前も分からないわけです。当校は電話して、「○○さんは、どうですか。元気に過ごしていますか」と言っても顔も分からないのに、電話だけでは無理だということで、向こうに顔を覚えてもらうためにウェブで自己紹介するとか、学習クイズを出すとかそういうことに力を入れるようにしました。まず、自分の担任の先生の顔と名前を覚えてもらうところから入りました。

平野……異動してきたばかりの先生は、本当に全く分からない。まずは、**先生の顔と名前を覚えてもらうこと**。先生と子供が繋がることを考え、先生自身が顔を出してのメッセージや、学習支援のための動画などを作成してユーチューブで配信することにしました。そうすることで、学校の先生方の顔をしっかり覚えて、親しみを感じてもらうことができました。そういう点で、**ユーチューブは非常に効果的だった**と感じています。

清水……うちの地区はオンラインがそんなに発達しているわけではなく、そういうときはプリント学習になるのです。その際、一人一人に封筒をつくって、いろいろなものを入れて、おうちの人に取りに来てもらうという状態でした。担任がそこに個人面談とまではいかないですが、自己紹介して、顔を覚えてもらえるようにしました。担任のほうから見ると、マスクをしている親の顔を全部覚えることは、すごく難しいのだけれども、学校と家庭を行ったり来たりする一人ずつの封筒がクラスの子供との繋がりになっていました。

安部…… 学校によっては、家庭訪問で渡しているという学校もあって、リヤカーで教材を運んで各家庭に届け、汗だくになったという話も聞きました。そうやって学校のほうから、「みんなはこの学校の一員だよ」というメッセージを伝えたり、友だちと繋がっている、学校や先生方と繋がっていると子供たちが感じられたりするようにする。それが大事だなと思いました。

清水…… いずれにしても、学校に来られないと限界はあるんです。だから、6月になって半分ずつでも学校に来られるようになってから、ようやくスタートするという感じで、丸々休みの3月、4月、5月は苦しかったです。何ができるというわけでもない。ひたすらプリント学習、プリントをいっぱい刷って、封筒でやりとりする。

安部…… でも、それが負担の子もいたでしょう。

清水…… そう。子供たちにとっては楽しいとは言えませんね。

オンライン授業から分かったこと

安部　GIGAスクール構想で、一人1台タブレット端末を持つようになります。そういう点で帯山西小は先進的にICTを活用した授業を行っていましたね。

平野　オンラインでの授業は、資料の見せ方や授業の焦点化など、先生方がものすごく教材研究しなければうまくいかないんです。子供が集中して画面を見るのも30分が限界だから、その30分を遠隔授業でやっていく。さらに、本校がこだわったのは、**遠隔の授業でもいかに教室の授業と変わらない形でやっていくのか**。教師からの一方通行にならずに双方向、また子供同士の意見のやりとりができるように工夫をしていきました。

もう一つタブレットでよかったのは、ロイロノートという学習支援アプリを使って、子供とのやりとりがリアルタイムでできたことです。ロイロノートを介して課題も出せるし、返ってきた課題に丸を付けて、コメントを返すというやりとりができたのは、双方向の繋がりを感じる意味ではとてもよかったと感じました。

安部　もともとタブレット端末は、コロナ禍の前から取り入れていたんですね。

平野　そうです。熊本市は3人に1台という割合でタブレットが学校に入っていたし、普段の授業でかなり使っていましたから、タブレットの操作に関しては、子供たちが慣れていたのもよかったです。

この時期だからこそ、出会いを大切にしたい

安部　臨時休業明け、全国の先生方の多くは、「この2か月の遅れをどうするか」というように、どうしても各教科の学びに視点がいきました。けれども、学級における生活や学習の基盤は、子供たちの人間関係づくりや、先生たちとの信頼関係づくりです。この点についてはどんな工夫をされましたか。

清水　伝言板ですね。伝言板をつくって、何かコメントを書くというか、昔私たちが若い頃には駅にもあった伝言板ですけれども、ああいう取り留めのないことを書くような伝言板もあるし、前半と後半で、後半の子に向けたお手紙を付箋などで貼ってやりとりさせるなど、そういうことも行いました。

安部……子供同士の関わり合いを大切にされたんですね。では、学級生活がスタートするときに、校長として、どんなことを学校の先生方にお話しされましたか。

平野……私はこの時期だからこそ出会いを大切にしてほしい、教科の学習に走る前に、基盤となる学級づくりをしっかりしてほしいと先生方に伝えました。

例えば、今まで何か月も休んだ子が学校に来るのは結構ハードルが高いじゃないですか。夏休み明けでもハードルが高い。それなのに、不安を抱えている子供に学校が始まったと同時に授業に追い立てたら、学習が苦手な子は学校がますます嫌になる。そうではなくて、まずは勉強よりも、人間関係。「そういうものを先につくって、それからでないと、学習は進まないからね」という話は先生たちにもしていたし、先生たちもそのつもりでやってくれました。

だから、1週目、2週目あたりは学級活動の時間が比較的多くて、学級の目標を決めたり、自己紹介をしたり、そういう時間をとてもとってくれたので非常によかった。委員会もしっかりきちんとやれたし、そういう面では非常にいいスタートが切れたと思っています。実際に登校を渋る子もいなかった。

安部……そういう出会いづくりを大事にすることで、子供たちが安心して通える学校になりますね。年度当初の子供たちの思いに寄り添い、みんながこのクラスの一員だよ、一緒に何年何組をつくっていこうという教師の思いを伝え、子供たちが希望や目標をもって生活できるようにすることは、特別活動のとても大事な役割です。

清水……全くそうですよね。まず、「あなたの居場所は学校にありますよ」と伝えることですね。だから、単に浅川小の子供だというだけではなくて、あなたの机もあり、椅子もあり、ロッカーもあり、確実に一席あると伝えることを大事にしてきました。

入学式もきちんとできない、新学期もない、組替えがあって教室が変わっても、何も分からないままスタートしているじゃないですか。そういうところで、自分の席に座るとか、そういう実感を大事にしたので、まさに前半・後半で登校時間を分けたり、クラスを半分にしたりして、密を避けるというところはすごく気を使ったけれども、学校に来てもらうというところは力を入れました。

安部……「子供たちの人間関係づくりを大事にする」と言っても、先生方お一人お一人経験も違います。そのあたりで何か配慮されたことはありますか。

清水……遊ぶというのはすごく大事なことで、今までのように抱き合ったりくっつき合ったりする遊びはできないけれども、どういう遊びならできるかということを考えて、クイズや言葉での遊びを入れるなどして、**遊ぶ時間を意識的につくってもらいました。**

4月に全員がそろったところからの学級開きと全く同じです。

令和二年度の学級開きは6月頃からスタートしているけれども、実は学級づくりというのは4月の頭から進んでいて、まずは先生から放射状に全部の子供というふうに始まりました。さらに、子供同士の連携が手紙を通してでもできるようになってくると、子供の声が聞こえてきて学級はつくられてきていたんだと感じました。自分はこのクラスなのだ、ということを意識するかどうかということだろうと思いました。

学校全体で、意識を高めていくには?

安部……学校教育目標の実現のためには、学校全体で共通理解を図り、先生方が同じ方向を向いて子供たちを育むことが大切です。先生同士の連携を図ることや、学校全体の意識を高めていく上で、どのような工夫をされましたか。

平野……**私は、年度当初に校長としてこういう学校をつくりたいというのを先生たちにきちんと**

分かってもらうために、1時間ほど時間をもらってワークショップを行います。今年度は、「教職員も児童も一緒になってわくわくする学校をつくろう」というのが、うちの学校の教育目標なんです。

それを先生たちに伝えて、「わくわく」するとはどういうことを言うのだろうということを出し合いました。今年度は休校ということもあって、休み中に先生たちともよく話して、〝わくわく感〟って何をするときに湧き上がるのか、どうやったら〝わくわく感〟を子供たちにもたせられるのかという話をし

てきました。

その中で、縦割り活動の話が出て、うちの学校は今まで縦割り活動がなかったんです。縦割り活動って、先生方にとっては負担に感じることもあります。私の中には、特にコロナ禍の状況で本当にできるのか、不安もあったのですが、縦割りは非常に有効だからぜひやりたいという思いで、毎週水曜日の朝の時間20分を縦割り活動の時間として位置付けました。

学校再開後すぐに始めたのですが、みんな本当にきちんとやってくれて、子供たちも喜んでいる。そういう意味で、まず、教師がうちはこんな学校をつくるんだということをよく理解してくれていて、特別活動を大事にしてくれたというのはちょっと嬉しかったですね。それは自分が校長というのもあるだろうけれども、そういう学校をつくる、**子供たちがつくりたい学校をつくるという目標を教師全員が共有していたことが大きかったと思います。**目標さえ共有できれば、先生方はそれに向かって主体的に動き出しますから。

清水　**一つのテーマを、子供も大人も共有している**ことは大切ですよね。うちは「役に立つ喜びを知る子」一本ですから、それはもう徹底してやるわけです。だから、単に働くのではなく、人を喜ばせる。そのことを自分も喜ぶということは、4月の頭から、まだ子供が全然いないときからの学校だよりにも載せるし、オンラインでも、全校朝会のように「校長先生のお話」でも何回か発信していました。

そうやって学校の経営方針を保護者や子供たちに、いわゆる全校朝会の代わりとして、オンラインで発信し続けてきたのは他に見るものがないから、ある意味、普段よりもしっかりと子供や保護者たちに伝わったかなという印象がありました。

休業中も、オンラインで委員会活動を行っていた

平野……**本校では、休校中も委員長会議というのをやっていて、委員長さんと自分がオンラインで繋って、こういう学校をつくるんだよということを共有していました。**

その上で、「みんなが思っている〝わくわく感〟ってどんなの」と聞きながら、各委員長が、学校が始まって委員会が始まったら、自分の委員会ではこういう活動をやりたいという思いを出し合っていきました。さらには、それをタブレットでプレゼンにまとめてつくっ

てくれたのです。それを五年生みんなにタブレットで発信したわけです。

安部　各委員長が考えてつくってくれたのですか。

平野　そうです。委員長がつくって、わくわくする学校のために、「私の委員会ではこういうことをやっていきたいと思っている。だから、ぜひうちの委員会で一緒にやりましょう」みたいなのを各委員長さんがつくって、それを五年生に発信してくれたわけです。それを見て自分が活動したい委員会を決めてもらったんです。だから、五年生は最初から委員会への参画意識がものすごく高かったんです。１回目からすごくやる気があって。今まではどちらかというと、先生が説明して、活動もよく分からないままに決めていたんだけれども…。

清水　委員会活動は異年齢交流ではないですが、五年と六年だから、言葉でその価値が分かる年なので、学校を方向付ける上ではすごく大事だと思うんです。コロナ禍でなかなか全員がそろえなくても、本校も委員会は動かしていました。
　みんなで集まって決めることはできなかったので、〇〇委員会は何名という枠をつくって、大きな模造紙に自分の希望するところに自分の名前を付箋で貼って所属を決めていきました。

安部……クラブ活動で、そのようにクラブの所属を決めている学校もありますね。

清水……そうです。名前の付箋を貼っていく形にして、みんなで調整しながら、どこの委員会に入るかを決めるのです。だから、毎日学校に来てはそこを見て、「ああ、何人か動いたな」と思うのです。自分で名前を動かせる期間が1週間ぐらいあって、みんなで譲り合いながら自分の入りたい委員会に主体的に入るわけです。

六年生はさくっと決まったのですが、五年生はどこに入っていいか分からないのです。前年の六年生の働きぶりも、最後のほうはあまり見られなかったので、そういう点では、五年生が決めるのはちょっと苦しかったけれども、何とか最後にまとまっていました。

平野先生の学校の六年生が、五年生に説明しながら勧誘するのはおもしろいですね。うちでも次はやってみたいです。とにかく、児童会活動は、まだ子供が集まっていなくても始める。まず、所属を決めて、責任をもたせて動き出すというところは、早々と行いました。

安部……学校によっては、異年齢で関わり合うのが心配だというので、六年生だけが、前年度と同じ委員会の常時活動だけを行ったという話も聞きました。「自分たちの学校生活を自分たちでよりよくする」とか、「自分はこの委員会活動で学校のみんなのためにこういうことを頑張る」という意識は、単に活動だけ行うのでは高まりませんし、学習指導要領に示した子供たちの資質・能力の育成には繋がりません。高学年の子供たちが中心となって主体的に計画や運営を行い、学校生活を楽しく充実したものとなるようにしてほしいですね。

子供たちが話合い、委員会を一から見直した

平野　平成三十年度末の本校で行った委員会の反省で、子供たちが主体的に動いていないという声がとても多かったのです。決まったことをやる、言われたことはやっているんだけれども、自分たちで活動をつくり出し、新たなものに取り組むことが少ないといった課題が先生たちから出たので、令和元年度末に委員会を一から見直して、つくり直すことにしたのです。

今の六年生に、どんな委員会が本当に必要なのか、ほかにどんな委員会があればいいのかということを子供たちに話し合ってもらい一回全部つくり直したんです。結局11あっ

た委員会が12になった。委員会は、何で必要なのか、言われてするような仕事しかしない委員会は要らないんじゃないのみたいな突っ込みを教師側からもちょっと入れたりして、令和元年度にあったからそのままやってしまうのではなく、**子供たちが考えてつくる。この作業は、とても大事だなと思いました。**

安部　委員会活動は、学校生活をより円滑なものにするために必要な仕事があるので、必ず設置が求められる委員会もあるけれども、例年どおりではなくて、前年度の実践の振り返りを生かして一から考える、しかも子供たち自身が考えるということは大切なことですね。

清水　**自分が何のために、委員会活動をするのか、この委員会を通して学校にどう貢献できるかということを子供が自覚していることが大切です。**例えば、保健委員会はトイレットペーパーを補充するという仕事があります。それなども、「面倒くさい」と言いながら補充しているのと、「みんなが健康で気持ちよく過ごせるように」という視点でトイレットペーパーがなかったら困るということが分かれば、補充することは大事な仕事になります。同じ仕事でも、意識のもち方ひとつで変わります。

安部　まさしくキャリア教育ですね。委員会活動では、六年生が学校のリーダーとして活動する姿を見て五年生は学んでいくし、六年生は五年生のお手本だという意識がすごく高まります。縦割り活動などの異年齢交流においても、自分たちのためにいろいろ活動してくれている六年生の姿を見て、五年生は次は自分たちがリーダーだという意識が高まり、下学年はあんな六年生になりたいという尊敬やあこがれの気持ちが高まります。ここが大事ですね。

清水　そうですね。そういうところです。特別活動はお楽しみの時間をつくるのでなく、責任感も社会の形成者としての資質として育てることができます。

安部　どんな資質・能力を育むのかをしっかり意識して指導することも大切です。

清水　私は、学校の中で子供が一番伸びるのは委員会だと思っているんです。クラブ活動と違って先生のバックアップが入りますから、活動がすごくしっかりしているのです。計画的に実践しますしね。そういう点では五・六年生が一番自己実現できる場所は、委員会なのです。委員会活動コーナーやクラブ活動コーナーをろうかにつくって、活動の様子を掲示して見合えるようにするなどの環境整備も大切ですね。

コロナ禍で、委員会活動に新しい発想が加わった

平野……コロナ禍で、朝の児童集会、うちは水曜日の朝に20分やっているんですが、体育館に集まって一斉にできなくなりました。そのときに、子供に「各委員会でどうするか考えて」と言ったわけです。すると、委員会がICTを活用しオンラインを使いながら、自分たちで遠隔でも楽しめるいろんな企画を考えたり、アンケートをとってその結果を子供たちに見せたりしながら問題提起したりと、今まであまりなかったような新しい活動が始まったのです。

そう考えると、ある意味、**これはコロナ禍でプラスになったことの一つで、従来の委員会とまた違う、自分たちがつくる委員会活動ができてきたと捉えています。コロナ禍によるマイナス面だけではなくて、新たな発想が生まれてくる、そういうのはいいなと。**

安部……それはいつも話題になりますが、ピンチをチャンスにするという意識を、校長先生だけでなく学校全体の意識を高めていく上で、どのようなことに取り組まれたのですか。

清水……委員会活動とはどういうものかを、先生方がそのねらいをちゃんと理解しなければだめ

なんですよ。だから先生方には、毎朝1分とか、職員朝会等でこつこつと話していました。それから委員会掲示板もつくっています。

委員会の活動内容や指導の方向性が全然分からない先生や初任者もいるから、話型をつくって、「私たちは全校のみんなが○○になるために、○○をする保健委員会です」のような宣言を全部並べて委員会掲示板に貼っています。最初の委員会の時間につくるのですが、貼るのが1日、2日ずれることもあるから、うまくできている委員会を参考にできるし、お互いにまねをして、どんどんいいものをつくっていくようになります。

安部　大事ですね。そのように環境整備することによって、先生方も子供たちも、ほかの委員会の掲示を見て、「今度はこんな活動をやってみようか」と学び合えるものです。

清水　先生たちに指導するときは、「先生方はもう十分ご存じだと思いますが、子供たちにこういうふうに指導してください」と、子供たちへの指導を統一するふりをして先生たちに指導するのですね。全校朝会などで子供たちに話しつつ先生方にも伝えるなどもしています。

今はそれなりに、委員会ごとのポスターがつくられてきますが、もうひと工夫ほしいところです。私はそこに顔写真を付けたいと思っていますが、まだ顔写真が付いていなくて…。顔写真を付けると、自己肯定感が高まるかなと思っています。

安部　私は役職がステータスになってほしくないのです。例えば、代表委員会からのお知らせというときに、いつも代表委員会の委員長が言うのではなくて、代表委員会のメンバーが交替で前に出て言うようにしてはどうかと思います。集団の中で役割を担ったりリーダーを経験したりする場や機会の充実は、日頃から図ってほしいと思います。

清水　そうですね。どの子にも活躍のチャンスをつくれるところが小学校の一番いいところですものね。では委員長だけではなくて、メンバーの集合写真とかにしようかしら。

安部　委員長はもちろんリーダーシップを発揮し

ているとと思いますが、委員長についていきますではなく、自分たちで学校生活をよりよくするんだという意識を子供たちがもてるように、先生方も意識してご指導いただけるといいなと思います。

平野　これがうちの学校の教育目標です（右写真）。上に委員会の1年間のいろいろな、何をやったかの活動の記録を、昨年度に委員会ごとにこうやって全部残してくれているんです。一番下には、学校教育目標やシンボルマークなどの各学級紹介を掲示しています。

　これは手書きでつくっています。パソコンで書いたのもあるし、手書きで子供たちが書いているのもある。上は自分たちの委員会での活動の様子を、写真なども使いながら分かりやすくまとめてくれています。

安部　児童会室に、前年度の児童会のめあてや1年間の活動を掲示している学校もあります。そうすると、児童会の1年間の流れも分かるし、活動の様子も分かるので、子供たちの参考になります。委員会活動コーナーやクラブ活動コーナーをろうかにつくって、活動の様子を掲示して見合えるようにするなどの環境整備も大切ですね。

朝の20分間、委員会の時間をつくった

平野　本校でも平成三十年度は、休み時間のたびにいろんな委員会が「○○委員会のみなさんは集まってください」みたいな放送をやっていました。これが私は個人的にあまりよくないと思って、令和二年度から日課表を変えて、火曜の朝の20分に委員会の時間をつくりました。その時間は、一年生から四年生までは自分のクラスの係をする。五・六年生は、委員会活動をする。活動がない委員会は、自分たちのクラスの係をすると決めました。
　月曜日と金曜日は学力充実の時間にしていて、火曜日は児童集会、水曜日は縦割り活動、木曜日は委員会活動ときちんと割り振ったのです。だから、委員会活動も休み時間はできるだけやらないのです。その時間にやりましょうということで。

安部　教育課程を工夫することもとても大切です。例えば、月曜日から金曜日までの朝の時間の1コマだけでも、係活動や異年齢交流活動など、子供たち自身が自分たちの学級や学校をよりよくすることを意識できるような取組や時間を学校全体で設定することが効果的です。

清水　そうですね。だからうちは、朝の時間にドリルをやらせていません。教室にこもってドリルをやっても学力は上がらないと思うので、特別活動の時間に充てるか、異年齢交流か読書の時間です。読書は特別活動ではないけれど、大事に思っているのでやりたいのです。

安部　週明けに落ち着いて過ごせるように、読書を月曜日に入れている学校もありますね。

清水　全校朝会はできるだけ行うようにしています。その中で代表委員会をはじめとして、いろんな委員会の連絡なども全校に向けての話として入れています。月曜日は全校朝会があって、他の曜日には異年齢集会活動があったり、読書があったりします。

平野　**自分の学校で本当に何をやりたいかを明確にしないと、何でもそこに入れちゃうでしょう。**

清水　そう、油断すると何でも入ってきます。

平野　うちは、特別活動を中心に学校をつくっていくと言っているから、縦割りを入れて、委員会・係を入れて、児童集会を入れてということで、先生たちも納得している。でも最初は、係と委員会の時間は、五・六年生は委員会だから動くんだけれども、クラスによっては、ドリル学習をやっているクラスもありました。だから、「火曜日は、係と委員会の時間に決めたんだよね」と、「そこでドリルをするのはおかしくない？」と言ったのです。

先生はドリル学習をするほうが簡単だから、ついしてしまう。でも、そうではなくて、一年生、二年生が係をすることが委員会に繋がるし、社会参画にも繋がるんだから、先生、ここは大事にしましょうと。

安部…… これまで取り組まれていなかった先生方はどうやったらいいか、分からなかったのかもしれませんね。

平野…… 時間を設定することで、低学年は、係は当番だけではなくて、何か創造的な係をつくらなければいけません。だって、黒板係なんて朝の時間に何の仕事もないじゃないですか。そういうので、低学年は創造的になって、その時間に活動できるようなポスターをつくったり、自分たちなりに工夫してやったりするようになりました。

安部…… 取り入れて、子供の変容とともに、先生方も変わられましたか。

平野…… はい、先生たちも係への意識が変わります。子供たちの活動を見る目が優しくなり、余裕が出てきましたね。

自分たちで考え、学校を楽しくすることが特別活動

安部　学校は楽しいとか、自分たちでやったことによって、学校活動がよりよくなったと実感できる活動こそが特別活動だと思うし、自発的、自治的に子供たちが自ら考え、活動できることがこれから生きていく上でもとても大事だと思います。

でも、それを先生方自身が実感しないと難しいのではないかと思います。校長先生がそういう機会をつくり、「学校としてみんなでやっていきましょう」とリーダーシップを発揮するだけではなく、「子供が変わった」と実感できることが特別活動の充実で大切だと思います。

清水　そうですね。先生たちの中にも特別活動に対する力量に大きく差があるから、特別活動が得意な人たちの活動を見せたり、その人たちに自分たちの活動をどんどん発信してもらったり、**教師の中でのOJTは、特別活動には絶対必要ですね。**

そうでないと、特別活動は学ぶ場所がどこにもなくて、たまたま私たちは自分が教えられるけれども、特別活動を専門にしていない校長のほうがもっと多い。そのときに特

別活動主任が管理職から理解を得られなくて一人で闘っているような学校がいっぱいあって、そういう人たちが学校をいい形に変えていけるOJTを組めるということをせめて邪魔しない校長であってもらいたいと思います。

学校行事は、子供が全員活躍する場

安部……教育委員会からコロナ禍における対応の方針が出たときに、学校行事をはじめとして、本当はやらせてあげたいけれどもできないなど、令和二年度は特別活動においてはそういうジレンマもいろいろあったと思います。

清水……例えば運動会。八王子市は比較的規制が緩いのだけれども、それでも運動会は、学校によってすごく差があるのです。うちはほとんどフルにやりました。徒競走だけを日にちを分けてやったという学校もありました。

安部……体育科の発表会としてですか?

清水……そう、運動発表会として実施していました。運動会のねらいを分かっていたら、徒競走だけということはしないですね。あれはもって生まれた能力だから、背の高さを比べましょうみたいなものじゃないですか。みんなで背の高さを比べる大会をやっても仕方がないですね。みんなでつくりあげるとか、練習の成果を見せるとか、協力するとか、そういう価値をちゃんと入れなければいけないのに、足の速さを親に見せるという発想になる段階で、気持ちが親に向いていますね。

安部……保護者のみなさんも、子供たちの頑張る姿を見たいと思いますが。

平野……言い方は悪いけれども、教師側が楽をしたいということも入っているのでしょうか。

安部……何のための学校行事かといったねらいや、子供にどんな資質・能力を付けたいというのが置いていかれているのではないでしょうか。

清水……私は、今回のコロナ感染症が流行った中でも救いなのは、いろいろな学校の学校行事の形を見て、それぞれの学校行事の中で、これだけは外してはだめだというのがちょっと見えてきたと思っているんです。例えば、運動会だったら、徒競走よりも、集団競技や表現を見せたいし、係の仕事で頑張っているところを見てもらいたい。

安部……五・六年生は、学校のみんなのために働くなど、集団の中で役割を担って果たすことで成長しますね。

清水

みんなでつくりあげているというところで、学校行事は、**高学年は学校づくりをしている姿をお互いに見合う機会です。それが相互リスペクトに繋がるのです。**それぞれの仕事をこなしているから、活躍の機会になる。本当に全員が活躍できる機会をつくってやれるのが学校行事の大きさなんです。そういうことがすごく大事だったのです。

また卒業式では、コロナ禍の規制が始まったばかりで、その頃は私も何が大切か分からなかったので、親と六年生と教師だけで行ったわけです。そしたら、当時の五年生は卒業式を見たことがないまま令和二年度になって入学式も見ていないまま最高学年になったから育たない。自覚もない。覚悟もない。意識も低い。もともといい子たちなのに、育てないと育たないんだということがすごく分かって、卒業式に絶対必要なのは六年生と五年生だということがここではっきり分かりました。だからたとえ親は制限しても、五年生を出席させることが大切だと私は思っています。

学校づくりの基盤に、特別活動を

安部　「令和二年度の子供たちはかわいそう」と言ってしまったら、それこそかわいそうです。だからこそどういう機会をつくるかがすごく大事です。特別活動は、子供が集団の中で役割を担って頑張るなど、教科学習では見られない姿を発揮する機会や活動する場がたくさんあり、それが豊かな学校生活に繋がります。ですから、学校経営の基盤に、ぜひ特別活動を置いてほしいと思います。

清水　特別活動は、何か一つのものをやればいいじゃないかと思っている人も多いけれども、**実践は前後の活動を含む一連の活動が絶対必要**で、何のために行うのかというねらいをもっての**話合い活動**がなければなりません。

そして**実践をした後の最後の振り返りがまた必要**なわけですね。その振り返りをねらいに沿って行っていけば、結果は失敗だったとしても、その過程で「私はこんなことを頑張った」「友だちは、こんなことを頑張っていた」というその**プロセス評価をしてあげることができる**のです。

それによってそこの集団の中でお互いの認知容易性というか、お互いのことがよく分かるようになる。今まで知らなかった君に出会うとか、今まで知らなかった自分に出会うということは、学校行事みたいに大きいものだとよく見えるんですね。**だから学校行事を行ったら、必ず振り返りをしてほしいと思います。**

令和二年度の全校遠足では、いつもは大学のすごく広いグラウンドの人工芝のすばらしいところを借りて遊んでいましたが、コロナ禍のために大学に入れてもらえなくて、担当者が「どうしますか、やめますか」と言うから、「できないからやめるというのは思考停止ですよ、そういう選択肢はありません」と言い返しました。

でも、うちも600人を超える数の子供たちがいるから、遊ぶのに十分に広い場所がないと言うので、「では、学区域全部に子供たちを出しましょう。町の中全部に子供を自由に歩かせて、地域の人たちと一緒にやりましょう」と言って、新しい形の全校遠足を企画しました。

担当の先生は若い先生だったのですが、よく頑張ってくれて、結局お寺や神社の方たちもいろいろ協力してくれました。スタンプラリーみたいな形で、いくつもある中から時間内に行ってこられる場所を縦割り班ごとに決めてそこで文字カードをもらってきて、それを組み合わせて暗号を解くようなことをやったんです。

終わったときに、子供たちが書いた振り返りカードの中でも、五年生の振り返りがすばらしくて、「自分は下の学年のことも見ていたけれども、困ったことがあって六年生に相談したら、六年生がすぐに管理人さんに言って解決してくれて、六年生はすごいなと思った」と。普段、自分なら困ったな、何とかしてあげたいなと思っても、なかなかどうしたらいいか分からなくて、でも六年生に相談したら、六年生がささっと解決してくれた

ということろなんかを見られるのは、すごくいい経験だと思います。だから、全校遠足は縦割りでやっているんです。そういう学びの機会になります。

学校行事の意義を考え、よさを実感

平野　コロナ禍があって、さっき言ったように、**学校行事も先生たちが意義を考え出した。**運動会もそうですが、何で運動会をするんだという話では、「運動会をする価値は何、そのために、教師はどうするの、開会式・閉会式はどうするの」って考えます。

令和二年度は、初めて子供と一緒に運動会のやり方を考えました。子供の実行委員を募集して、先生たちと一緒に話し合って、開会式や閉会式のやり方を子供たち主体で考えさせて、どうするって。何を削る、削るだけかと思ったら、入れたいものもあったので、これを入れたいと。では、それを入れようとか。

コロナ禍があったから、**一つ一つの集会の意義、行事の意義を先生たちも考えました。**親も考えました。全校児童が一斉に集まるのは、運動会が初めてだったのです。それまで1回も集まっていない。一年生から六年生まで一斉に集まってする初めての行事、みんなが他の学年を見て、いろいろなところで学べるという楽しさを子供たちも味わったし、親もその行事のすばらしさをこれまで以上に味わうことができたと思います。運動会などの行事では、親にも感想を書いてもらっています。それを全部集めて読みましたが、親はものすごくよかったと。コロナ禍での運動会で、子供たちの頑張る姿が見られたことがものすごくよかったし、「運動会をやってもらって、ありがとうございます」という感想ばかりでした。

清水……親には、「やってくれてありがとう」と言われました。

安部……やむを得ず1日ごととか、1日のうち時間を分けて行うとか苦労されている地域もありましたが、令和二年度はそのように実施したからといって、令和三年度もそうというのではなくて、「うちの学校はこれを大事にしたいね」といったことや、その行事の意義をもう一度考える機会にしてほしいですね。

積み重ねの機会を奪うことに、危機を感じる

平野　一番怖いのは、令和二年度のコロナ禍で結構行事などが削られて、言い方は悪いけれども、先生によっては楽だったと感じた人もいたかもしれません。今年度のことをしっかり踏まえてまた来年度考えてもらわないと、変に時間短縮、競技の削減など楽な方向に流れないように注意したいと思います。

清水　要するに、思考停止して、やらなくなってしまえば、もうそれはそれで済んでしまうことじゃないですか。そこでの学びは保障されないままです。でも、特別活動って1回これを活動したら、急にこれができるようになるというものではなくて、積み重ねによって自然に育っていくものだから、積み重ねが確実に一つ減っているということです。

その機会を奪うということの危機というか、**ある一定のところまで来たら、いきなりバンと開花していくもの**なので、開花しないからといって、やらなくてもいいかと言ったら、そうではないわけです。

安部　やれば力になるかというと、そこが難しいところですね。例えば学級会もただ話し合え

ば子供の力になるわけではありません。教師の適切な指導・助言や低学年からの積み重ねが大切です。

特に学校行事については、その意義や目的を子供たちも理解できるようにご指導いただいて、子供たちの経験が積み上がるようにしてほしいです。

緊急課題への対応は？

安部……学校行事など緊急課題への対応において、学校と教育委員会との関係性はどうですか。

平野……熊本市の教育委員会は、学校行事についてはほぼ何も言わなかったので、「やってください」という方向性だったからよかったです。修学旅行や運動会もできるだけやってくださ い。ただ、やり方はそれぞれの学校で工夫してやってください。しないでくださいという方向とは全然違いました。だからやりやすかったのです。

安部……ニュースで、隣の学校は県外の遊戯施設に行ったのに、何で行けなかったのかと不満を言う子供の姿を見ましたが、何のために行くのかや意義が分かっていないようでした。

清水……遊戯施設に行くことで思い出づくりをすることが、学校行事の主なねらいだと思っているんですね。

平野……修学旅行は、自治体によって全然違いましたね。

安部……学校行事の遠足・集団宿泊的行事の代替なのか、それとも、違う学校行事として行くのかなどを明確にして目的や内容を考えないと、単なる「おでかけ」になってしまいます。

清水……学びがあるということが大事で、では、何が学びかというところになると、集団宿泊のねらいはいくつかあるけれど、一番大切なのは、**役割分担と責任を果たす**ということです。みんなのために働くというところだから、役割をもたせなかったらだめで、ガイドさんについていって、楽しかったということでは、お客さんでしかないわけですね。

平野……活動に対して、子供たち一人一人がどんなめあてをもってその活動に取り組むかという授業をきちんとやっておかないと。私はそこをきちんとやってほしいのです。**活動に対して、自分の目的をきちんともって参加する。活動を通して、どんな成長をしたいのかを自分で決める。そして、活動後にそのことについて振り返りをすることが大事だと思っています。**

安部……ただ振り返るだけでなく、事前に自分の目標をもつことが大切です。

平野 「楽しかった」で終わりじゃ、だめなんですよ。

清水 それは感想で、振り返りではありません。プロセス評価もできないですよ。先に視点を与えていないから見ていない。見ていないから、ぼんやりしている。でも、**視点をもっていれば見える**のです。

令和二年度六年生の日光移動教室は6月の予定だったのですが、新型コロナで延期になり8月の頭に延びたんです。学校は6月スタートで、それこそ委員会とかいろいろなことをやっているから、事前指導が十分にできませんでした。その意識化の時間がなかったのです。

そうしたら、とてもいい子たちなのに、旅行気分で行ったものだから、集団行動がとれなくて、お風呂場では水をかけて遊ぶ、集合がかかっても見たいところがまだあって、観光がばらばらになってしまう。食事のときに食事係が前に出て「いただきます」の挨拶をするのに、べちゃくちゃしゃべっていて、だれも聞いていないみたいな感じになる。大広間に入るときはスリッパがばらばらになっていて、私がちょっと不機嫌な顔をしたら勘のいい担任は、ピンときて自分でスリッパを並べているの。担任が並べてどうするのって感じです。

平野　そのときは担任も意識がなかったんですね。何をしにここに来た、どんな力を付けたいのか、そこはしっかり意識させたいですね。

清水　その日の反省会で、行動班の班長を集めて今日の様子を聞いたときには、「何とかさんは集合がかかっても時間に来てくれませんでした。何とかさんは号令がかかっても動いてくれませんでした。何とかさんはずっとしゃべっていて注意を聞いてもらうのに時間がかかりました」と、もう悪口大会です。

それで私がまた不機嫌になるわけです。そこで担任を呼んで、「リーダーシップとメンバーシップというのがあって、リーダーになった人は責任をもって頑張っているけれども、あなたはお風呂場で、水をまかなかったかと、そういうところを指導して」と言ったら、担任がとても上手に指導してくれて、翌日はすごく意識が高かったのです。

担任に指導されたことも班長が各部屋で話し合ってみんなで反省して意識が入ったようで、翌日のハイキングではグループ行動がすごく上手にできて、その日の夜は「〇〇ちゃんが協力してくれた」「〇〇さんが私たちが困っていたときに、こういう声をかけてくれた」など、みんなが何かしてくれました大会になりました。ほんの一瞬の**意識のもたせ方**だけだったのです。

体験を経験にして、経験を学びにする

安部　先ほどの指導ですが、校長先生が先生方にどう伝えたか、先生方が子供たちにそれをどう話すのかというのはすごく大事なポイントです。
何のためにその活動を行うのかなどの意義を子供たち自身が意識し、目標をもって取り組み、頑張ったことや成長したことを実感させてあげたいと思います。学校行事の場だけではなくて、日頃の生活の中で関わり合いや実践活動、体験活動を通して、自分のよさや可能性を発揮する。そういうことができるのは特別活動だろうと思うんです。それが教科の学びに絶対生きるのです。

清水　**失敗体験から意識化させたことが、汎用的な能力になって、**どこでも使えるような力になるというのが、大きな学校行事の力でもあるし、日常の特別活動の中でも、そういうことはちょこちょこと意識化させていくことが大事です。指導者はそれを意識しているかどうかというのが大きいですね。

平野　私がよく言うのは、**体験を経験にして、経験を学びにしないと何にもならないということ**

とです。体験だけだったら、「楽しかった」で終わる。それを振り返って、自分にとっての活動の価値付けを行う。それがあって初めて経験なんだ。それをさらに自分の次の生活にどう生かすかが学びなんだから、体験を経験にして、経験を学びにするというそのプロセスをきちんとすることが大事です。

そのために、キャリア・パスポートもあると思うのです。**キャリア・パスポートを活用することで、振り返りを経験にして、それを次への学びにしていく。**そういうのを継続してやってほしい、集会とかいろいろな活動ごとに。

安部　「キャリア・パスポート」を活用して、繋いでいくことで、子供たちが、「ああ、こんなに成長したな」「頑張ったな」という気付きになり、新たな意欲に繋がります。

平野　それが、深い学びに繋がると思います。

コロナ禍だからこそ生まれた、新しい創意工夫

安部　令和二年5月と7月の「学びの保障」の通知で、特別活動の場合は、「学級活動は必ず週

１コマやりましょう」「児童会もクラブも学校行事も感染症対策を講じながら、創意工夫してしっかりやりましょう」ということをお伝えしました。それを受け止めてくれた学校は、子供たちがすごく変わっていって、「やってよかった」と。コロナ禍で今までと同じようにできない状況だからこそ、どうしたらよいかを子供たちが考え、創意工夫して実践する。それにより子供たちの自治的能力が高まり、自らよりよく生きていく力の育成に繋がります。

平野　若い人のほうが、発想が柔軟だから、結構おもしろい発想をしてくれて、やろうと意欲的でした。

清水　リモートでは、私よりも数段詳しくて、「こんなことができます。あんなことができます」というのを教えてくれるわけです。だから、特別活動のことが分かれば、リモートのよさをそこに生かすことができるのです。それは私にはできないから、「あなたがそれを担っていくんだよ」と期待していくことで、新しい形が生まれてきますね。

ＩＣＴは道具だから、いい道具をもらったと思って、どんどん遊べばいいだけです。コロナ禍でいろんな制限がかかりました。制限がかかると、思考がクリアになると思わないですか？　だから、学級会も思いっきりいっぱい制限をかけて話し合ったほうがおもしろいですね。

特別活動を、どのようにして他校や地域に広げるか

安部　特別活動を基盤として学校経営をされている先生方の学校は、学校生活が充実していて、子供たちも、先生方も保護者も幸せだと思いますが、それをどうやって他の学校や地域に広げるかが課題です。そのあたりはどうですか。

平野　私は先生たちとも話しましたが、「うちの学校の子供たちの姿を、他の学校の先生方にも見せたいね」って言っています。そこで、どうしようかという話になって出てきたのが、研究発表会です。でも、私は教育委員会の指定は受けたくないのです。なぜなら、いろいろな縛りが出てくるし、自由な発想でやりたいことができないから。だから、やらされ感をもつのではなく、自分たちが楽しんで外部に発信して、見てもらうやり方がいいよねって。**今のうちの子供たちの様子をいろんな角度から様々な学校の先生に見てもらって、意見をうかがえるなら自主発表会というのも手かなと思いました。**

でも、それも先生たちにとって負担かなとちょっと思ったりしました。だから、研究部にはその話をしてみました。そしたら、みんな、「来年度は自主研究発表会をするつもりだった」みたいなことを言うから、じゃ、先生たちにアンケートをとってみて、みんながするならいいよと言って、アンケートをとってもらいました。そしたら、先生たちがほぼみんなすると言うんです。正直、ちょっと驚きました。多分先生たちが自信をもっているんじゃないかな、自分と自分の学校の子供たちの姿に。

ただ、学級会と一緒で、反対している先生が何人かいるから、その先生たちが不安に思っていることや問題視しているところの思いを聞いて、どういう形だったらみんなが気持ちよく自主研究発表会に向かっていけるのかをこれから決めていくようお願いしました。難しいと言う先生もいるのです。それはそうだろうと思います。でも、先生たちがみんなで協働できないなら学校としての発表にならない。だから、その先生たちの話を聞いて、ではどういう自主研究発表会だったら一緒にできるのか、まさしくそれが合意形成なのです。大半はすると言っていますが、みんなが納得しないとできないのです。

安部 子供たちが生き生きと活動する姿で、そうしたことのよさや大切さを分かってもらうのはとても大事ですね。

清水……私が考えているのは、うちの学校の研究会を毎回、全部開いて、一緒に研究したい人にオンラインでもいいから開いていきたいと思っています。3密を避けるためにどちらにしても教室に入り切れないから映像を隣の教室で見るので、それをオンラインで発信して研究をしてしまう。

学校の中での研究を各学校がみんなオープンにすればいいのです。そうしたら、一人でも二人でも一緒にできます。学校で一人ぼっちで特別活動をやっている人がいます。「自分は特別活動をやりたいのにうちの学校は国語の研究なんです」みたいなときだったら、特別活動の研究をのぞくことができる。そういうふうにできたらいいなと思います。

安部……そういう点でオンラインは便利ですね。特別活動はその先生だけが頑張っても力にならないので、いかに学校全体の力を高めるかというところが一番の課題なのです。

成長が見えるエビデンスに取り組む

安部……特別活動は、実生活や実社会に生きる汎用的な力を育みます。そのために、学校として

平野　大事にしていることや、子供たちの素質・能力を育む上での手立てはありますか。

そこは特別活動の弱いところだと思います。どんな力が付いたのか分からないみたいな感じです。だから、非認知的なところでも、何か見えるエビデンスがほしいと令和二年度、本校は研究を始めたときに、大分大学の長谷川祐介准教授にお願いして、調査項目の作成とデータの分析をお願いしています。それは、実践者じゃ分からないところで、研究者に任せるところだなって思って。令和二年度の今回は年間3回アンケートを行う予定でいて、その分析を全部大学にやってもらうことにしている。そして、その結果をフィードバックしてもらい、先生たちに返し、次の実践に繋げるようにしている。12月に2回目をとりますが、その比較を見ていきたいと思っています。ただ、6月のデータを見たとき、先生方の中からは、やっぱり…といった感想が多く、**先生方の見立てとデータは結構一致していると感じました。**

安部　どういう項目でとっているのですか。

平野　学校、学級生活についてや普段の自分の様子について、担任のことや友だちのこと、委員会活動や異学年交流、学級活動などについてです。結構な項目数があります。それと、学級や学校で取り組みたいことを記述で書いてもらっています。

安部　進んでやっていますか的なことですか？　回答は何段階ですか？

平野　５段階で振り返っています。**特別活動で育つ力って数値では表しにくいけど、やっぱりデータ的にとらないと、何となく漠然と力が付いたと言っても説得力がありません。先生たちもそのデータがあることで、見えてくるところがあります。**

自分のところは学級活動でこういうところに力を入れようとか、特別活動のこういう部分に力を入れていこうというのがはっきりと分かります。その上で、校内研の中で学年ごとに話し合わせて、どういう取組をやるのかというのを話しました。

安部　子供たちの実態をしっかり把握することで、より効果的な手立てや取組に繋がりますね。

子供の笑顔の写真や作文で、分析しよう

清水　本来数字で測るものではないのに、数字で測るところに合わせさせられている気がします。もっと別のもので測りたいと思います。

安部　確かに授業を見にいくと、学級の雰囲気がとても温かいとか、子供たちの笑顔がいいな

とか、数値では表せないものがたくさんあります。

平野……学級会の写真とか、子供の表情とかいいものがあると思います。こういう表情の子が増えてきた。そんなのもエビデンスとしては、有効だと思います。

安部……そういう目に見える形で示すことは、とても大事だと思います。

清水……あと子供の作文は、とてもいいです。感動します。いろんないい作文ですね。

平野……振り返りの質が違ってくるから、子供の振り返りの作文は全然違います。この間授業を見ていて思ったのは、学級会をしているときの子供の話すセンテンスが長くなります。しゃべっている一文がものすごく長いのです。そして、自分の生活体験からしゃべるから、説得力があります。それはこの間、授業を見に行って本当にすごいなと思いました。そういう子供たちの変容って、成長なんですね。

安部……そうしたことを、子供たちが自覚することによってさらに質が高まってきます。

清水……しかし、あまりセンテンスが長いと時間がかかるので、私はもういっぱい長くしゃべれるようになった子供たちに育った後は、**短くまとめなさい**と言っています。

子供の振り返りを、キャリア・パスポートに生かす

安部　振り返りでは、「キャリア・パスポート」を効果的に活用してほしいですね。「個人情報だから金庫にずっと入れています」などの話を聞くと、いつ活用するのかなと思います。

平野　活用しないと意味がないですね。

安部　もちろん発達の段階や、その子の心情によって、友だちに見せたくないものがあるかもしれません。けれども少なくとも小学校の段階では、友だちはこう考えていたんだとか、「ああ、あの子、頑張っていたよね」など、互いのパスポートの記述や先生のコメントを見合うことによって学び合うことができるので、それを大事にしてほしいなと思います。「何のために」というところを、学校で共有してほしいと思います。繋ぐところだけに視点を当てて、多いと大変だから1枚にするとか、5枚だけ書けばいいとかではないのです。

清水　子供が自分でいろんな基礎資料から一つにまとめていく作業をしていく中で、さっき言った**意識化、言語化**ができてくるのです。振り返りができるじゃない。これからの時

代はＩＣＴを使えるようになるんだから、別に紙の量を制限する必要は全然なくて、子供が基礎資料として好きなように書いていくという形につくっていけばいいのです。この先はＩＣＴを十分活用して、タブレット中にキャリア・パスポートを残していきます。

キャリア教育の視点をもっとしっかり打ち出して、今のこの活動は将来こういうふうになるんだとか、こうなってもらいたいとか、汎用的能力のところまでも意識して教師が指導していくことが大事ですね。中学生や高校生になれば、それがもう分かるから、小学生の指導とは異なるキャリア・パスポートのつくり方というのも、研究していく必要があると思います。

平野 要は、活用をどうするかです。**書いて終わりではなくて、それをどう活用していくのかというところにいかないと、**今は書くことで精いっぱいですから。

安部 そういった点で、子供たち自身が自分のよさや成長、変容を自覚できるような本当の学びの記録（ログ）にしていってほしいと思います。

自治的能力を付けるには?

安部 コロナ禍だからこそ創意工夫して特別活動に取り組み、学校生活の充実や向上を図った学校もあります。そこで求められるのは、自治的能力です。その力をどう付けていくかが大切ですが、そのへんはどうですか。

清水 自治的な活動があっての特別活動だから学級づくり、学校づくりは、実践させて、成功体験でも失敗体験でも形を残していくことが大事だと思うのですね。

本校では〝六年生に挑戦週間〟をやっていて、休み時間に子供たちが集まって〝六年生挑戦コーナー〟をやっています。自分たちでルールを決めて、自分たちで楽しい時間をつくっているわけですよ。

そういう日々の生活の中で、ルールをつくって、「みんなが気持ちよく暮らせたね」という体験を言語化して、子供たちに返してあげる。それが、自治という言葉では教えないですが、自分たちで楽しい時間をつくっていけるという自覚をもたせることに繋がります。

結果として、六年生チャレンジとか全校航空写真というアイディアが出てくるのです。周年行事でも何でもないのですが、令和二年度はあまり思い出をつくれないから航空写真を撮りたいということになって、今、絵を募集しています。

安部……私も教員時代、周年行事の航空写真のデザインを全校に募集しました。子供たちの「自分たちの学校」や伝統への意識が高まりました。

清水……「コロナに負けるな2021」みたいな、今だからこそできる記録みたいなのを考えついてやっているから、やりたいというものは何とか実現させてやりたいと思います。それは、あんまりお金がかからないのです。

子供たちが、学校経営に参画する

清水……今、特別活動をやっていてすごく思うのは、カリキュラム・マネジメントなんですね。特別活動だけを純粋にやっていくと、週に1時間の学級活動だけに目がいってこぢんまりまとまってしまいがちです。その上、特別活動の授業をちゃんとやっている人が少なくて、忘れられてしまう感じがします。
　でも、カリキュラム・マネジメントで総合とか社会とか国語とうまく連携を組めると、みんなでイベントをつくるなど自治とまではいきませんが、各教科の学びが、学んで終わりではなくて、**行動して何かを変えていく、学校を楽しくしていくとか、最終的ゴールを特別活動にもってくる形のカリキュラム・マネジメントならば何でもできる**と言っているのです。
　英語もGIGAもできるかなとか思っているから、カリキュラム・マネジメントの中での特別活動の使い方も考えていく必要があるかなと思うのです。でも**特別活動のカリキュラム・マネジメントはもろ刃の剣だから、ちゃんと特別活動ができているということがまずベース**にないと、崩れてしまいます。

安部……平野先生は、これからこんなふうにやっていきたいというのはありますか。

平野……**私が今一番考えているのは、子供たちの学校経営への参画なんです。**どういうことかというと、**子供たちに学校をつくっているという実感をもたせる。**子供たちが自分たちで学校をつくる。目指す学校をつくるために、自分たちはこういう活動をやっているという学校経営への参画意識を高めるところに力を入れたいと思っています。そのことは自治にも繋がることだと感じています。

だから、今やっているのは、**学級会も代表委員会も委員会活動も全部議題にこだわっています**。自分たちがつくりたい学校はこういう学校だから、今どんな問題があるのかということを出し合って議題にしているんです。代表委員会は、これまでは、どちらかというと、年間で話し合うことが決まっていて、学校の今の問題を話し合う場ではなかったのです。そうではなくて、こういう学校をつくるために、今うちの学校にはどういう課題があるのかということを出し合って、それから議題化して、こういうことについて全校みんなで取り組もうという代表委員会の議題へと変えていっています。

学級も一緒です。先日やっていた五年生の学級会では、コロナ禍で転入してきて、学級になじめない子がいました。そのことを学級の問題とします。なじめないのはその子の問題なのか、もしかしたら学級自体にもそういう雰囲気があるんじゃないかという問題に気付きます。そこがはっきりした段階で、では、どうしたらいいんだという話合いをします。

この間の六年生は、ボランティアを議題としてやっています。毎日ボランティアをやっている子が、ボランティアは大事とみんな言っています。実際アンケートでもそう、でもみんなやってないじゃないか、ボランティアを学級みんなでやる意味はないのではないか。嫌々ながら来ても、ボランティアにならない。そんなことをする必要はないんじゃないのと学級会の中に投げかけたんです。

結構おもしろくて、最終的に六年生としてどうする、自分のクラスではどんなやり方ならできるという話合いにもっていったわけです。

自分たちがこういう学級でありたい、こういう学校でありたいというときに、今何が問題なんだということをきちんと考えて、それを話し合える。

安部……こういう学級・学校生活をぼくが、私がつくる。みんなで協力し合ってよりよいものにするといった、人間関係形成や社会参画の視点を明確にして取り組むことが重要ですね。

清水……**一人一人の願いを束ねたもの**が楽しい学校生活になるわけだから、そこのところが大事です。

平野……それが同調圧力みたいにならないように。

安部……もちろん集団をよりよいものになるようにするけれども、一人一人のよさが生きていなかったら意味がありません。個が育つことによって集団が育つというのはなかなか実感できないけれど、実践を積み重ねることが大切です。一人一人が目標に向かって笑顔で頑張って、学級や学校の生活がよりよくなったねと、先生方も子供たちも実感できるように取組を積み重ねてほしいです。

例えば、学級活動(1)では議題がとても大切ですが、子供たちが学級や学校に愛着をもっていなければ諸問題に気付くことはできません。これを話し合えばこうなるというわけではないので、そのためには関わりを深め、いかに自分たちの学級として考えるかが大事です。

平野 **学級の問題って、本当は個の問題なんです。個の問題をいかにみんなで考えてやれるかということだから、集団としての十把一からげにしてしまうと、同調圧力みたいになってしまいます。**

ボランティアもそうで、出てこられない人がいます。では、何で出てこられないのと聞いたときに、いろいろな子がいます。それを含めて、ボランティアを続けていくためには、どういう方法をとればいいんだという話合いにならないと。例えば、始業前10分からみんなでしましょうと、出てこられない人もいるだろうと。出てこられない人がいるという前提で、やり方を考えないと、みんな一緒は難しいのです。

清水 個の問題を話すとなると、自己開示が必要になります。そこには安心できる支持的風土、何を言っても安心だという空間になっていなければいけなくて、卵が先か、鶏が先かになってしまいますね。

安部　目指す学級生活に向かってどう学級づくりをしていくか、年度当初どんな出会いづくりをするか、子供たち同士の関わりをどう深めていくかがとても大事です。年度末に「このクラスでよかった」と子供に思ってほしいし、先生方にも、この学校でよかったと思ってほしいです。

清水　結局、先生方が自分たちで自治的なことができないとだめなんです。自治といっても、学校は校長の思いがあります。その中でみんなでやることの喜びを知る子をどうやったら育てられるかということを考えることが大事です。**各自が自分の強みやよさを生かしながら役割を受けて、**社会の形成者になったり、学校の形成者になったりと、特別活動の行動原理そのままが職員室の中に必要ということです。我々は校長だから、そこを意識して、子供ばかりでなく、先生たちを見ていかないと学校は変わらないという気がします。

安部　学校経営の基盤に特別活動を置くことが、豊かな学校生活づくりに繋がりますね。

〝人間形成の場〟としての、特別活動の重要性

清水　とにかく若い人たちにどんどん取り組んでもらいたいわけです。私は極端な話、死ぬ以外の失敗はないと言っています。とにかく、トライ&エラーだから、とりあえずやってみて、Doing is learningというところをしっかりと先生たちの教育の基盤にしてほしいのです。管理職はそこを支えて守り切ってやらないとなりません。そういうところも含めて、次の管理職も育てていきたいと思います。

平野　すばらしいです。私はあまり深く考えていませんが、**特別活動って、最終的には生き方を学ぶところに繋がっていると思うのです。**自分自身を振り返っても、例えば高校生、大学生のときに学園祭をやったり、みんなで何かを一つになってやったりする。その中にいろいろなトラブルがあり、でもそこでみんなで解決していき、生き方を通して、体験を通して、経験を通して学ぶことができるのは、特別活動だけしかないと思うのです。

それは人と人との関係づくりがものすごくあって、例えば、今ここで清水先生や安部先生と話すのも、どこかで人間関係を構築できたからだろうし、もちろん離れていく人

もいる。でも、それは人付き合いの話であって、特別活動というのは、**人間としてどう生きていくんだみたいなのを学ぶ場所かなと強く思っています。だから、特別活動が大事だと言っています。**

これからの時代、例えば、ＡＩの時代になったときに、その子たちが将来人として何ができるのかと考えたときには、人と人との付き合い、人間力の勝負だろうと思っているから、そういう人間力を育てる場としての特別活動の重要性は、もっと認識してほしいと強く思います。

いじめや不登校などいろんな問題があったときに、マスコミなどは、いろいろたたくけれども、その未然防止のためには、学校教育の中で何を大事にしないといけないのか、教育課程でどこが担うんだといったところに話題がいかない。そして、学校が責められるだけで終わります。

人間関係ができていないから、いじめがあるわけで、「そこはどこで学ぶ」「学校教育の中でどこが担うの」といったとき、そういうのが話題になりません。特別活動って、集団の中でよりよく生きていく基本的な生き方を学ぶ重要な領域だと私は思っています。そういう点で、特別活動を大事にして子供たちを育てていきたいのです。

安部　特別活動は教科の学びとは違い、人との関わりや、集団活動を通して学びます。「ああ、自分はこういうことを頑張ってきたな」「自分もやればできる」など自己効力感や、「みんなのために頑張ってよかった」などの自己有用感を感じられる。そして、子供たちにとって自分のよさや可能性が一番発揮できる時間です。

これから先、生きていくときに、「あの経験があったから頑張れた」「あのときがあったから、自分は変わった」など、自分が変わるきっかけにもなる機会であり、成長を実感できる場面でもあります。「あのとき楽しかった」などの思い出を一緒につくって、共有して、共感して、思いを新たにして前向きに頑張っていける時間にしてほしいと思います。

平野　教え子の同窓会に行っても、話題はそればっかりですね。だれも授業の話なんてしない。「クラスの旗をつくって、学級の歌つくったよね」とか、「運動会の全員リレーのとき、1位をとるためにみんなでよく話し合ったよね」とか、「夏休みは、クラスキャンプに行って、こんなことしたよね」とか、特別活動に関する話題ばっかりです。そして、みんなよく覚えています。

安部　自分自身もそうですね。四年生を担任したときに二分の一成人式について話し合って、タイムカプセルをつくったんです。でも校庭に埋められないから、それを10年間自分が持っていて、二十歳のときの同窓会でオープンしたんです。何を入れたかははっきりと覚えていなくて、二十歳の自分への手紙とそのときの自分の宝物を入れたことだけは覚えていました。

開けてみたら、学級の歌や、みんなでつくった学級目標の模造紙や係や、サッカーチームのポスター、みんなの寄せ書き、集合写真、そういうのがいっぱい入っていて…。みんな学級の歌をすぐに思い出して歌ったんです。

平野 学級の歌って歌えますね。自分もびっくりしましたが…。

安部 ケガをして入院したときのクラスのみんなからの手紙を宝物にしていた子がいて、そういうのって、これから先ずっと生きていくときにも力になる大事な思い出だなあと思いました。

清水 教室の中に自分の机と自分の椅子があって、自分の居場所があるのと同じように、**みんなの思い出の中に、自分の場所があるというのは、人生の宝物**になりますね。そして、支えになります。仲間がいるとか、離れていても、そういうところまで含めて、特別活動は大事ですよね。

安部 そうやって自分たちで自分たちの生活や関わりをよりよくしたり、自分のよさを発揮したりできたら、これから先、前向きに自分らしく生きていけます。そういう学校をつくるだけではなくて、ぜひそういう地域や社会をともにつくっていきましょう。

第二部

文部科学省教科調査官
安部恭子の特別活動

熊本県熊本市立帯山西小学校校長
平野　修の特別活動

東京都八王子市立浅川小学校校長
清水弘美の特別活動

1 子供たちの自発的、自治的な活動の充実のために

1 学級経営の充実は、子供の思いが共有されてこそ

私がいつも思っているのは、子供の笑顔あふれる楽しい学級・学校生活を子供と共につくることが大事だということです。学級経営の充実についてはこれまでも小学校学習指導要領の総則と特別活動に示されていましたが、今回、教科担任制である中学校・高等学校にも示されたということは、学級経営の充実なしには子供たちの生活や学習の基盤はないということです。

日本の学校教育は、集団活動や集団生活を通して、子供たちの生活丸ごとを学びの場にし

て、関わり合って学ぶということを大切にしています。教育課程部会のまとめ、文部科学省の通知などでも学校教育ならではの学びを大切にすることが示されています。

では、学級経営の充実に繋げるような学級づくりで何が大事なのかというと、特別活動の学習指導要領には、学級活動における子供たちの自発的、自治的な活動を中心として学級経営の充実を図ることが明記されています。これはつまり、先生方が学級経営の充実を図るだけではなく、子供たちが、「自分たちは自分たちのこの学級をこういう学級にしていきたい」「こんな学級や学校の生活をつくっていきたい」「こんな何年生になりたい」という思いをもち、それがみんなで共有化されているからこそ、先生方の学級経営がさらによりよいものになっていくということです。

具体的に学級担任の先生を例に挙げて考えると、まず担任と子供の出会いをどうよりよいものにしていくかということです。担任の自己紹介を工夫したり、黒板に子供たちを迎えるメッセージを書いたりして、子供たち自身が、「今年のクラス、楽しそうだな」「今度の先生はおもしろそうだな」と思えるようにすることをきっかけに、子供同士が関わる工夫をして「よーし、今年一年頑張るぞ」という思いをもてるようにするのがとても大事です。

自分から進んで「先生、先生」と言ってくる子供もいれば、そういうことが苦手で積極的になれない子もいます。学級にはいろいろな子がいますが、どの子にもよさがあることを忘れないようにすること。さらに、毎年学級編制を行う学校が多いと聞きます。昨年度まで、自分から進んで取り組めなかったり、学級にうまくなじめなかったお子さんや、家庭生活などでいろいろな事情を抱えていて、それが学校生活にも影響してしまったお子さんもいたかもしれません。だからこそ、どの子にとっても新年度の4月は、やり直すことができる時期になることが大切です。新しい自分にステップアップするチャンスなので、もし前の担任の先生から手がかかって大変だったなどの話を聞いたりしていたとしても、まずは目の前の子供を見て、「こんな学級生活をつくっていきたい」というものをもって臨みましょう。

年度当初に子供の実態や子供の思い、保護者の方の願いなども大事にしながら、1年間の見通しをもつことがとても大事だと思います。

年間を見通して、子供たちの成長をこれから見取っていくときに、学校行事や児童会の大きな集会活動などは節目になります。学級生活において、みんなが何か目標をつくったり、自分たちの学級生活の向上について考えていくきっかけとなるようにしましょう。例えば、○○祭りでは「どのようなお店を出そうか」ということを話し合うときに、ただ単にゲーム屋さんがやりたいではなく、何のためにゲーム屋さんをやりたいのかという思いを子供たちがもち、共通理解を図って取り組むことができるようにするためには、日頃からの関わり合いや、話し合ってみんなでよりよいものを決めていく経験を積み重ねることがとても大事です。

2 話合いを、よりよくするための手立て

子供自身が「自分はこのクラスの一員だ」「自分もみんなのために頑張っている」という思いをもってほしいのです。そのためには、集団活動で役割を担ったり、みんなで協力して何かを成功させたりすることが大切です。また、たとえうまくいかなくても「失敗したけど、頑張ってよかった」という思いや、次への意欲に繋げる経験となるようにすることがとても大事です。

「学級会で議題がなかなか提案されないんですよ」という話を聞くことがあります。学級会の議題は、子供たちが自ら学級や学校の生活上の課題を見いだすことが大切です。学級や学校の生活の議題を見つけるため、課題を見つけるには、よりよくしようという意識がないと難しく、そのためには、「自分もこの学級の一員だ」「自分たちで自分たちの学級生活をよ

りよくしていくんだ」という意識がないといけません。

では、どのようにしてそういう意識をもたせるかというと、学級の中での関わり合いや集団活動を通して学級への愛着をもたせたり、所属意識を高めたり、達成感をもてるようにしたりすることが欠かせません。そうした活動の積み重ねがなければ、「学級生活をよりよくしよう」「学級のこの状況はどうなのかな」というようなことに気付く目が育たないどころか、自分たちの学級だという意識も高まりません。

だからこそ、学級活動⑴を中心として、子供たちが集団の中で人間関係をよりよく築く力や社会参画する力、自分らしさやよさを発揮して目標をもって生きていく、そういう力を育んでほしい。ですから教育課程上、特別活動はとても重要な役割をもっています。

子供たちが「互いのよさを生かす」と、よく言います。学習指導要領の前文には「自分のよさや可能性を認識する」とあり、特別活動の目標にも、「互いのよさや可能性を発揮しながら」と示されています。そのためには、互いのよさや可能性を発揮できる機会や場がないと発揮できません。

特別活動は、話し合うときにも実践するときにも、集団や社会の形成者としての見方・考え方を働かせます。例えば、学級会であれば、「僕はこれやりたい」「私はこれが好き」といった自分の好みで意見を言うのではなく、「学級のみんなにとってよりよいことはどれかな」「提案理由から考えるとどれが一番よりよいものなのかな」というように、知恵を出し合ってよりよいものを決めていけるようにします。みんなで話し合って、みんなで決めて、みんなで協力し合って実践する。学級活動(1)は、みんなでなければ解決できない、そして、みんなで実践することで学級や学校の生活をよりよくするというものなのです。

ところが、みんなで決めることは難しく、多数決で決めれば簡単です。賛成・反対マークの数で決めれば多数決と何も変わらないのです。では賛成・反対マークは何のためにあるかというと、話合いの過程や状況を見るためのものなのです。「今クラスのみんなはこれがいいと思っているんだね」といった学級の状況を把握するためであり、「何票集まっていますね」ではないということです。

集団や社会の形成者としての見方・考え方を働かせて「いろいろな考えの人がいるけれど、この提案理由から考えると、どれがよりよいものなのか」を考えられるようにします。みんなの考えが全員一致することはほぼありません。だからこそ、反対意見や心配だと言っている友だちがいたら、その思いを大切にして、「どうしたらできるかな」と改善策を考えたり、「どんなふうにしたら、その子の心配がなくなるかな」と考えたりできるようにします。ただ意見を発表し合う会ではなくて、その友だちの思いを受け止めてよりよいものとなるように考えたり、心配なところは問いかけたり…。そのような話合いにする必要があります。学級のみんなにとって、よりよいものを話し合って決めていくのです。

3 自分の思いも友だちの思いも、大切にする経験を

ここで問題なのが、集団に個人の思いを押し込めてしまってはいけないということです。「みんながいいと思っているんだから、いいかげんに賛成しなよ」「あなたが反対していたら決まらないんだよ」「みんなで決めたことなんだから従いなよ」などはまさしく集団圧力です。

そうではなく、自分の思いをきちんと言える、それから相手の思いも尊重する、そんな学級集団を育てる必要があります。でも、これは経験していないと難しいことです。「自分の思いをちゃんと言いなさいね」「友だちの思いは大事にしてね」と口で言うだけではなく、それを実際の話合いや実践、日頃のグループ活動の中で、「受け止めてもらえた」「今回は受け入れよう」「分かってくれた」といった経験を子供たちができるようにする、そういう話合い活動や実践活動を積み重ねることが大切です。学級会で意見が言えないのは、学級や学

校生活の中で、聞く側の子供が育っていないということも大きいのです。ですから低学年から、ちゃんと学級会の経験を積み重ねていくことが大切です。

学習指導要領では合意形成という表現を用いていますが、それはみんなの思いを大切にして、納得解を決めるプロセスを大事にしているということです。多数意見を大事にして決めることは基本ですが、少数意見も大切にして、「何か生かせないか」や「心配に思っている点の解決策はないか」などを考えられるようにします。そういう点で思考・判断・表現が話合い活動においてとても大切になります。

実践のために話し合っているので、時間内に決まらなかったからといって、「また来週話し合おうね」で済ませないようにします。

それを改善するためには、事前の活動を充実し、計画委員会で「こんなのが出てきそうだよね」「話し合うことはこれだけあるけど、これは学級会で話し合って、これはアンケート調査でいいよね」など、子供たち自身がしっかりと見通しをもって活動計画を立てるようにすることが重要です。

4 つくって終わりではなく、活用して生活を豊かにする

話し合うときには、しっかりと提案理由や提案者の思いに沿って意見を出し合うようにすることが重要です。提案理由が「学級の歌をつくって仲よくなりたいから」は、よくあると思います。歌をつくれば仲よくなるかというとそうではなく、そこにみんなの思いを込めてつくることが大切ですし、つくって終わりではなく、それを活用して生活が豊かにならないといけません。マークでも、カルタでも、旗でも同じで、つくることだけが目的ではないということです。

話し合うためには、①「本当にみんなにとって必要なのか」と必要感のある議題を選定する。②話し合うことの重点化を図り適切に設定する。③条件設定として決まっていることを明確にする。例えば屋内で遊ぶのか、屋外で遊ぶのかがはっきりしていなければ決まりません。④いつ実践するのか、どこでするのかなどを決めていきます。

例えば、「発表会を開く」場合、グループに分かれて行うのか、それとも順番に発表するのか、そういう基本的なことが決まっていなければ、話し合うことが多くなりすぎます。また、話し合ってみんなが納得して決まればよいのですが、なかなかそうもいかないときがあります。

「本当はこれがよかったんだけどな」という子も出てくるかもしれません。でも、みんなで決めたからには協力するということは、ルールとしてきちっと指導しないといけません。事後の活動で、準備に気持ちが向かわない子もいるかもしれないので、そういうときには声かけをしたり、進捗状況を帰りの会でちゃんと確認したりするなどの手立てを講じます。集会活動であれば、学級みんなで係を分担します。歌づくりなどで、得意な人だけがつくるのではなく、学級みんなが関わることが大事です。

5 役割分担を工夫する

学級集会活動に学級みんなが関わるには、役割分担がポイントになります。子供たちは集会活動などを通して互いを知るうちに、「〇〇さんは絵が得意だから、プログラムに絵を描いてもらえると嬉しいな」など、得意な分野やよさをだんだん生かしていけるようになります。集会活動の役割を学級みんなで分担して、協力してできるようにすることは学級経営や自発的、自治的な活動の充実に大きく関わります。

集会活動の係は準備の内容によって、すぐ準備が終わってしまうものと、当日頑張るものと、事前に頑張る必要があるものなど、いろいろです。子供自ら「もう終わったから手伝うよ」などの言葉が出てきたらよいのですが、なかなかそうならないこともあります。先生が「○○さんが大変そうだから、手伝ってあげてね」と言うのは簡単ですが「言われたからやる」とならないようにしたいものです。

そのためには、例えば帰りの会で、各係の準備の進捗状況を確認するときに、「まだ終わりません」「○○はもう終わっています」という報告に対して、「そうか。早いね。頑張ったね」で終わりにせず、「終わっていないグループはどう？」というようにすると、「人手が足りません」といった発言が自然に出てくると思います。このように子供たちがお互いを思いやり助け合えるような、そんな声かけを行うとよいと思います。そして「手伝ってくれて嬉しかった」「手伝ってあげてよかった」という互いを思いやり、協力することの大切さを実感できるようにします。先生は子供たちの頑張りを認め適切に褒めるようにします。

6 終末の助言のポイント

学級会の終末の助言で、大事なポイントは三つです。「前の学級会と比べて、こういうことがよかったね」ということは、前を把握していないと言えません。そして前がどうだったかという意識が子供にないと、ただ「前よりよくなったね」と言っても何の学びにもなりません。そのため、「前はこうだったよね、でも今日はこういうところがよかったね」というように、前回の振り返りを生かすということです。

その上で、「こういうことが課題だったから、次回はこういうことに気を付けようね」とします。例えば、今日の学級会で時間内に終わらなかった場合、高学年であれば、「何が問題だったんだろうね」と子供たちに問いかけるのも一つの方法です。そうすることで「今日はみんな好きなこと言っちゃったから話合いが途中でごちゃごちゃしちゃった」「早く決めようとしすぎ、十分話し合わないまま進めちゃったから、次の話し合うこと②のときに混乱した」など、子供の気付きに繋がるのです。子供たちが気付かないときには、先生が「こういうところはどうだった？」というように、視点を与えるとよいでしょう。

課題点だけではなく、よかったことも同じです。「今日は、みんないっぱい発表して頑張ったね」では、ただ発表したことを褒めているだけなので、何がよかったのかが分かりません。だから、話合いや発言のどんなところがよかったのか、それがなぜよいのかというよさの視点を先生が示すようにします。そうすることで、子供たちは次の話合いのときにそれを意識して発言できるようになっていきます。

7 褒める内容とタイミング

自分の考えを積極的に発言する子もいれば、なかなか意見が発表できない子もクラスの中にはいます。でも、学級会ノートにはすごくよいことを書いていたり、友だちの意見をしっかり聞いていたりするので、そうしたことを褒めることが大事です。

終末の助言で発言内容を褒める場合は、個人名を挙げるかどうかは、微妙なところです。なぜなら、たまたまその子が指名されて発言しただけで、他にも同じように考えた子供もいるかもしれないからです。ですから、「途中で混乱したけど、提案理由に戻って考えることができたね」「こういう発言がよかったね」というように、その具体的な内容を褒めて、個人に対してはあとでたくさん褒めてあげましょう。でも「いつも発言できなかった子供たちが頑張って発言できた」などの場合は、個人名を挙げて褒めることで、自信や次への意欲に繋がります。

特に低学年は、活発に発表するお子さんは学習面でもいろいろな場で活躍し、運動も得意な場合が多いので、子供たちのいろいろなよい面や頑張りを先生が見取って褒めるようにします。

司会グループへのねぎらいについては、例えば事前準備で何回も練習していたとか、シミュレーションしていたなど、子供たちからは見えない努力や頑張りを褒めるようにします。

8 教師の見取り、子供たち同士の見取り

実践の準備に向けて係分担をして、みんな協力して準備する段階で、準備をすごくよく頑張っているお子さんもいます。そのときは気付いていても、メモをしておかないと忘れてしまいがちです。そこで、名簿などにちょっと気付いたよさや頑張りを書いておいて、補助簿として活用するとよいでしょう。そうすることでどんどん子供のよい面を見ようという気持ちが高まると思います。

それでも、「あっ、この子、書けてなかった」という子供が多分出てきます。そうしたら、次はその子に視点を充てて、ちょっとのステップアップや頑張りも、見取るようにします。補助簿を声かけに利用したり、コメントに生かしたりしていくと、子供たちの自己効力感や

自己有用感が高まり、前向きに頑張る気持ちに繋がります。

また、子供たち同士で互いのよさや頑張りに気付くようにすることも大切です。学級会や帰りの会でも「今日のきらりさん」などのように友だちのよいところ見つけをしている学級もあるかと思いますが、偏りが出ないように配慮することが大切です。つらい思いをする子がいないようにします。

低学年であれば、先生が書くということもあるでしょうし、一緒に給食を食べているときに、こんなことあったよと子供に情報として伝えるというのも一つの方法かもしれません。相互評価を通して、互いのよさや頑張りに気付くことができるように必要に応じて先生がよさの視点を明確に伝えるようにします。

班ごとに競争させて、「○○さんができなかったから、うちの班は合格しなかった」というようなことは絶対にしてはいけません。教え合いで全員が合格するなどのことを重視しているクラスもあると思いますが、教え合うのだったら、お互いにそういう機会がないといけないし、いつも教えられる人と教える人になってはいけません。学習とは学び合うものだからです。例えば、グループでの話合いで、声が大きい子や発言力の強い子が、「これって、こうだよね」などと決めてしまうのではなくて、みんなが互いの考えを出し合ったり、聞いたりすることで、思考を広げたり深めたりすることができるようにします。

また、学級会で話し合う力は、学級会だけで高まるわけではなくて、国語の時間など、いろいろな学習での話合いが学級会に生きていきます。反対に学級会で身に付けた資質・能力が各教科の話合いや、児童会活動、クラブ活動での話合いに生きていくのです。

9 実践後の振り返りを、積み重ねる

学級会ノートに、話合いの振り返りを書くだけでなく、実践に向けて自分が取り組むことを書き、どうだったかという振り返りを書くようにします。そして振り返って終わりではなく、振り返りを次の活動や課題解決に生かすことが大切です。

令和二年度の4月から始まった「キャリア・パスポート」を、ぜひ活用しましょう。大切なことは、「キャリア・パスポート」は子供たち自身が記述し、積み重ねていくポートフォリオであるということです。

II 学校経営と学級経営

1 学級経営と学校経営の充実

学級経営は、どの先生に聞いても大切だと言われます。では学級経営とは何かというと、文部科学省の「生徒指導提要」から引用すると、「一人一人の児童生徒の成長発達が円滑にかつ確実に進むように、学校経営の基本方針の下に、学級・ホームルームを単位として展開される様々な教育活動の成果が上がるよう諸条件を整備し運営していくこと」です。ですから、それぞれの学級担任の先生が思い思いに行うのではなくて、うちの学校では、この学校経営方針、学校教育目標の実現に向けて、こんな子供たちを育てたい、こんな資質・能力を付け

たいということを学校全体で共通理解し、みんなで同じ方向を向いて取り組まないといけないのです。

学級目標についても、「こんな何年生になりたい」「何年何組のこんな生活をつくりたい」という一人一人が思いを大切にしながら、「みんなでこういう学級生活をつくろう」「みんなでこういう子になろう」というものでないといけないと思います。

学級目標に示した理想の学級生活の実現に向かって、学級みんなが同じ方向を向いて活動するのです。

学級経営と学校経営は非常に近しいもので、学校経営も学校の経営方針を明確にして行うことが大切です。年度当初、校長先生が職員会議等で学校経営方針をしっかりと示し、「こんな学校生活をつくり、こんな子供たちを育成したい。だから、みんなで一緒に頑張りましょう」というようにして、リーダーシップを発揮することが求められます。そして、校務分掌などを通して、先生方が組織の中で役割を担い、活躍できるようにします。

学級目標も子供が言った言葉で決めるのではなく、学校経営方針、学校教育目標、学年目標に基づいて、教師が自分の学級の指導目標をちゃんともった上で子供たちの思いや保護者の願いを生かすようにします。

そういう点で、教師のリーダーシップも大切です。しかし、先生がいつも引っ張っていくだけでは、「先生、次、何するの？」「次はどうするの？」というように先生の意向をうかがったり、指示を待ったりする子になってしまいます。ですから、教師は、子供の思いに寄り添ったり、子供の思いを引き出したりするなど、ファシリテーターとしての役割を意識することもとても大事だと思います。

子供たちが互いを大切にし、尊重し合えるようにするためには、先生が一人一人のよさや頑張りを積極的に見取ることです。そして先生方が見本となって、子供の前に立つことが大切だと思います。

2 「このクラスでよかった！」と思える学級づくり

学級生活で先生方が気を付けないといけないことの一つに、子供の呼び方があります。○○ちゃんと下の名前で呼ぶ子と名字で呼ぶ子とニックネームで呼ぶ子、そういう違いが出ないようにするということです。よく寄ってくる子や進んで「先生、お手伝いする」という子は何かと頼みやすいと思います。でも、そうではなく、いろいろな子に公平にお願いをするとか、自分からは寄ってこない子に「○○さん、ちょっと手伝ってくれる？」と言って、「助かったー」というような機会を意図的につくることも考えられます。

楽しく豊かな学級生活を子供たちとつくるためには、「このクラスでよかったな」という子供の思いを高めることです。それは学校経営でいえば、先生方が「この学校でよかったな」「自分にとって生きがいがあり、やりがいがあるな」と思えるような学校にしていかなければ、子供たちをよりよく育むことなどできないのです。

学級生活において子供たちが安心して過ごせて、自分のよさや可能性が発揮できるようにするためには、互いを尊重し合うような温かい学級づくりができていなければいけません。でも、そういった学級は一朝一夕にできるものではなく、学校全体で話合い活動を積み重ねたり集団活動を積み重ねたりして関わりを深めていくことがとても大事です。

例えば、「集会活動で、何をやるか？」を話し合うと、ドッジボール、バスケットボール、サッカー、リレーなどが、子供たちから出されることが多いと思います。しかし、運動系の集会などは得意な人と苦手な人がいるわけです。また、体育の時間ではないので、リレーのタイム順に並んで同じ速さになるようにしようとか、リーダーを決めてその子がメンバーを順番に選んでいくなどのやり方は望ましくありません。実践することでつらい思いをする子供がいるのなら、やらないほうがよいのです。

何のためにやるのかというと、仲を深める、お互いに力を合わせて頑張るということが大事なわけです。そうした目的に合わせて、苦手な人も楽しく挑戦できるようなルールにする、種目を工夫するなど、創意工夫をしてほしいと思います。経験が少ない先生方は、例えば研究会や学校の先生方の取組を参考にするなど、特別活動のネットワークを大事にして、子供の思考を広げてほしいと思います。

3 特別活動主任になったら、何をする?

校務分掌組織というのは、各学校の実態により少しずつ違います。

各教科等の主任の分掌は多くの学校にあると思います。

では、特別活動主任になったとしたらどんな仕事があるのでしょうか。特別活動の内容は、各教科等や学校生活に関わるものが多くあり、例えば運動会だったら、体育主任と連携してすることが大切ですし、健康診断だったら養護教諭と連携しなければいけません。

特別活動主任の先生が全部それを一人でやるというのは無理で、特別活動部という組織を生かすことが大切です。「特別活動部会がないんです」という学校は、ないと困るということを校長先生に言うだけではだめで、その活動内容や必要性を明確にしたり、他校の例を示したりしてその必要性を理解してもらうようにします。でも、特別活動主任だけが頑張っても、後ろを向いたらだれもついてこなかったということがあります。そんな悲しいことにならないように、組織を生かして学校全体で共通理解を図って、みんなでやっていきましょう。

そこで特別活動主任になってやらなければいけないことは、まずは年間指導計画等を確認して一年間を見通すことです。例えば、どんな学校行事があるのか、子供たちが参画できるものはあるか、児童会の集会活動としてどんなことを昨年はやっていたのかなど。学級活動(1)や児童会活動、クラブ活動は、子供の自発的、自治的な活動なので、毎年これをやっているから今年もやりますというものではありません。

学校行事は学校文化をつくります。学校として計画を立てるものですが、コロナ禍においてはこれまでと同じようにはできないと思います。でも、だからこそ、その行事を通してどんな資質・能力を育むのかを明確にしたり、子供たちの実態から、この学校行事は絶対に大事だと見極めたりするなど、子供たちの実態からしっかり考えるようにするということが大切です。

特別活動主任は職員会議等で、「この行事のねらいについては、あとでお読みください」というような提案を絶対してはいけません。先生方が同じ思いで同じ方向を向いて指導しなかったら、意味がないからです。

先ほど、学級経営は学習や生活の基盤となる子供と先生の信頼関係や子供同士の人間関係をつくることが大事で、そのためには学級活動(1)を中心にやると言いました。子供たちと同じように先生方も「自分の学校」という意識をもっていただいて、先生方同士の信頼関係や人間関係をよりよくつくることが求められます。そして組織を生かして活動したり、特別活動をずっと勉強されている先生に授業を公開していただいたりするなど、互いに学び合うことができるようにします。

4 クラブ活動や委員会活動の担当は、教師が自分たちで調整

年度当初はクラブ活動や委員会活動などの、担当の先生を決める必要があります。委員会活動の担当は、校務分掌との関わりがあるので、例えば保健主事の先生は保健委員会を担当し、図書主任の先生は図書委員会を担当するようにします。

クラブ活動は、技術を教えるわけではないので、先生方の興味・関心や得意なことに基づいて分担してもらってもよいわけです。だれが何を得意とするのかも分からない、好きなのかも分からないとき、私は、クラブの一覧を貼り出して、「担当したいところに名前のマグネットを置いてください」というようにしました。そうすると、当然偏りが出ます。そこで、「偏りが出ているんですけど、何とか調整をお願いできませんか」と言って待つことにしました。すると譲ってくださったり、少ないところに動いてくださったりする先生方が出てきました。そうして、先生方に自分たちで調整して担当を決めてもらいました。

委員会活動も同じように、校務分掌でもう決まっているところ以外は、先生方に、自分でやれるかな、やってみたいなと思うところを担当してくださいとお願いしました。この経験が、各学級でも「やらされる担当」にならないように留意することに繋がります。

5 学級の歩みをつくろう

私が学級担任だったときは、毎年学級の歩みをつくりました。係の中に、学級カレンダー係がありました。

毎月だいたい色画用紙に1枚つくります。4月であれば、何年何組、何人でスタート。何月、初めてのプール。何月、遠足でこんな思い出ができたなど。細かく書くのではなくて、大まかな出来事を色画用紙に書き、子供たちが好きな絵を描いていました。見た目の美しいものを先生がつくるのでは、時間もかかるし、負担になります。だから、無理をしないで、子供たちが楽しみながらつくったり、子供たちに任せたりしましょう。

学級の歩みのような掲示物を通して子供たち自身が、「1年間こんなことがあったね」「こんなふうにやって、みんなの仲が深まったよね」「楽しかったね」と振り返ることができるようにし、みんなの仲の深まり、学級としての集団の高まりが分かるようにするとよいと思います。

出来栄えのよいものにする必要はありません。「毎月毎月やるのは大変です」というのであれば、例えば学級会で話し合って実践した集会活動などを写真と一緒に掲示するだけでもよいと思います。

これは高学年向きですが、振り返りで私がやっていたのは、集会活動を振り返って、よかったことはピンクの付箋で、もっとよくするためにはどうしたらいいかは水色の付箋で書いて、それを集会活動の写真の周りに子供たちに貼ってもらいました。もちろん両方書かなくてもかまわなくて、課題があったときの、どうすればよいか的なアドバイスは黄色の付箋にして貼り、互いに見合うようにしました。

低学年で、まず大事なのは、「みんなで話し合って、みんなで決めて、みんなでやったら楽しかった」という思いを積み重ねていくことです。それからだんだんと、「何のためにやるのか」ということをもっと意識できるようにしたり、学級生活の充実に目を向けられるようにしたりします。

そして話合い活動の充実や議題がよりよいものになっていくためには、そういう活動を積み重ねて、子供たちが学級に愛着をもち、集団の中で役割を担って果たすなど、学級の中で自分の居場所が感じられるようにすることも大切で、そのためには学級経営の充実が欠かせません。

6 目標と目的の違いを意識する

集会活動のときに、賞状やメダルをつくりたいと子供はよく言います。勝ち負けが大切ではありませんから、ただ単に1位、2位、3位ではなく、こういうところを頑張ったねなど、友だちのよさや頑張りを見取った表現にするのはどうでしょう。例えば、学級担任時代、子供たちは「みんなで協力して頑張ったで賞」や「ユニークだったで賞」など、工夫して楽しい賞をつくっていました。

目標と目的は違うということをよく講演の中でも話させていただいていますが、例えば、学校行事の運動会や合唱祭などで、「優勝しよう」や「リレーで1位になるぞ」などというと思います。それはあくまでも目標です。

目的は何かというと、勝つことではなくて、それに向け一人一人が役割を果たしたり、みんなで協力して頑張ったりすることが大事なわけです。先生が何を大事にするのかがぶれると、「負けちゃった」と落ち込んだり、「だれだれのせいで勝てなかった」など、人間関係がぎすぎすしたりしますから、「負けちゃったけど、みんなで頑張ってよかったね」と思えるようにしたいものです。

ある中学校の学級の歩みで、「合唱祭で惜しくも優勝はできなかったけれども、頑張ったことでクラスの絆が深まった」という旨の文章を子供が書いていました。そういう思いをもてることが大事です。でも、過ぎ去ると忘れてしまうから、そのときの思いを残したり、学級の歩みの掲示、「キャリア・パスポート」で子供たち自身が思いを書いて残していけるようにするということも大切です。

7 学級の雰囲気が良好なほど、数学的リテラシー得点が高い

2003年のPISAの調査で、数学的リテラシー得点と質問紙調査の関連を見ると、学級の雰囲気が良好であるほど、得点が高くなるという結果が出ています。国立教育政策研究所で2012年に行った学習指導要領実施状況調査でも、ペーパーテスト調査と特別活動の質問紙調査のクロス集計を行ったところ、「みんなで話し合って仲よく楽しい学級にしている」などの問いに肯定的な回答をした児童が多い学級ほど、平均得点率が高い傾向があることが分かりました。

もっと興味深いのは、特別活動に熱心に取り組む教師の指導を受けている学級ほど同様の傾向が見られました。つまり、先生の姿勢が大きく関わるのです。

雰囲気は目に見えません。でも、確かにあるものです。お互いの考えを尊重し合う、よさや頑張りを認め合うなど特別活動を通したよりよい生活や人間関係づくりが、受容的な雰囲気や、目標に向けて頑張る意欲や態度を醸成し、学力と相互に関連するのです。「学級の問

題を解決するにはどうしたらよいか」について話し合うと、子供たちからお互いにチェックする、注意し合うなどが出されることがあると思います。そうすると、できていないことを責めたり、班で競争したりなどのことが起こりがちで、それだったら最初から話し合わないほうがよいと思うぐらいです。失敗が許されず、お互いをチェックし合うような学級で安心して過ごすことができるでしょうか。

8 教師の気持ちは、子供に伝わってしまう

かつての所属校で国際教育の研究をしていたときのことです。英語活動に取り組むことになり、最初、NPO法人の方がプランをつくってくれました。担任はT2で、「先生はここを言ってくださいね」など、いろんなチャンツや、ゲームを示されました。でも、うまく発音できなかったり、なかなかリズムが合わなかったりして、だんだん嫌だなと思うようになりました。「嫌だな」と子供には決して言っていないのに、そのうち子供たちが「先生、また今日も英語あるの？」と言い出すようになってしまいました。「そんなこと言っちゃだめ」と言いながら、心の中ではそうだよねと思っていました。態度には示していないつもりでも先

生の思いは子供に伝わってしまうものなのです。また、子供によって得意な分野と苦手な分野があったり、いろんなよさがあったりするわけで、それを一面だけで見ないようにします。子供同士の関係だけではなくて、「あの子はああいう子」と絶対に決めつけないようにします。先生の発言も気を付ける必要があります。子供によって差をつけない。その子なりのよさや可能性を発揮して活躍ができるようにします。互いを尊重し合う人間関係の一番のモデルが先生なのです。

例えば、先生から見て困った子というのは、実は、本人が困っている子なんです。ですから、「このクラスでよかったな」と思えるような手立てを講じたり、活動を組んだりしないといけないのです。

ちなみに、先ほどの私の学校で「嫌だよね」と言っていた、あの子たちがどう変わったかですが、「このまま『やらされる活動』じゃやだめだ」と、同じ思いをしている先生もいらして、担任がT1になり、キーワードをスマイルとビッグボイスとジェスチャーにして、先生が楽しくコミュニケーションを図るモデルになることにしました。

もちろん自分たちだけではできないから、その方々に教えてもらいながらやったのですが、自分で無理なくやろうという気持ちになると楽しくなってくるわけです。そうすると、子供が変わりました。それまでは、例えばペア活動はいつも仲よしの友だちだったり、インタビューでも、インタビューしないで見合ってしまったりしていたのが、進んでコミュニケーションを楽しむようになっていきました。私は研究主任でしたが、そうやって子供が変容するにつれ、先生方も、いろいろ工夫して頑張ってくれるようになりました。

環境整備部の先生方は、みんなで考えて、国旗をめくると特産や料理が見えるなど廊下掲示を作成しました。朝会の歌はアップルソングに決めて、子供たちは毎週元気に歌って教室に戻りました。また、月ごとの国テーマを決め、放送委員会と連携して昼の放送でその国の曲を流したり、クイズを出したりしました。

給食委員会とも連携し、栄養士さんが各国の料理を紹介したり、給食に出してくれたりしました。子供たちはどんどん変わっていき、英語によるコミュニケーションを楽しみ、ALTにも笑顔で進んで話しかけていました。

III 特別活動のよさを知る

1 活躍する場をつくる

ある学校では高学年の子供たちが落ち着かず、そのうち、4階の踊り場の一番奥がたまり場のようになったのです。そうすると、先生方も怖くて近寄らなくなり反対にどなって注意したりした結果、どんどん子供たちの態度が悪くなっていきました。朝会は遅れて来ても平気だし、おしゃべりばかりしている。

でも、それは活躍する場がなかったというところもあったのです。校長先生は子供たちがよさを発揮したり活躍したりする場をつくろうと考えました、そこで異年齢交流を大事にし

て高学年の子供たちが役を担って果たしたり、リーダーシップを発揮したりする場をつくったのです。

得意なことの発表会を児童会が企画して行うなど、異年齢の交流活動を通して子供たちの関わりが深まっていきました。すると六年生は下学年のお手本であるという意識が高まり、六年生を送る会では、一年生がお兄ちゃん、お姉ちゃんの卒業が悲しくて涙を流すような学校に変わったそうです。

2 繋がりをつくる

山形県の義務教育学校で、特別活動の研究に取り組まれたときのことです。一～九年生の繋がりをどうつくっていくか、例えば今までだったら六年生がリーダーでしたが、六年生はもう中間の学年になります。そこで協議し、一から四年のブロック、五・六・七年のブロックというように三つのブロックをつくりそれぞれ、四年、七年、九年がリーダーとなって活動することにしました。そしてブロックだけではなく、委員会活動は小と中とそれぞれで行うようにし、六年生がリーダーシップを発揮できる場もちゃんとつくりました。

そのように9年間の繋がりをつくっていきました。また、朝会では、最上級生である九年生が先に体育館に行き、下学年を歌で迎えたのです。そして、朝会が終わり下学年が教室に戻るときにも美しい歌声で送るようにしました。そうした九年生の姿から、子供たちは静かに入り、静かに待つということができるようになっていき、次の年からは各学年が順番にステージに立って歌うようにしていったのです。

3 活躍する場や機会を充実させる

例えば、落ち着かない六年生に対して「六年生なのに！」と注意ばかりしていたらどうでしょうか？　きっと心を閉ざし、反抗して話など聞きません。私は委員会活動などで「六年生がやってくれたおかげだよね。さすが六年生だね」と小さなことも褒めるように努めました。どんな子も本当は認められたいのです。それには、場や機会の充実を図らないといけません。同じ学年の中ではなかなか活躍する機会がない子供もいます。だからこそ、異年齢交流など多様な集団活動を通して頑張ることができる場や機会をつくることが大切です。

4 コロナ禍で、ストレスを感じる子供たち

今の子供は、コロナ禍ですごくストレスを感じていたり、生活リズムが狂ってしまったりしています。

臨時休業が明け、どの子も、学校に来られて嬉しい気持ちで頑張っていたと思います。けれども夏休みが短かったこともあり、秋頃から不登校や問題行動などが多くなってきたという話を全国の先生方から聞くようになりました。また、先生方から教科指導を優先してしまい、年度当初の学級づくりがなかなかうまくできなかったという話も聞きました。

日本健康相談活動学会が養護教諭に調査したところ、約4割の養護教諭から、コロナ禍の前と比べて保健室登校や登校渋り、不登校が増加したという回答があったそうです。

マスクで相手の顔や表情がよく分からなくて友だちとあまり関われなかったことも子供たちのストレスになっているのではないかと思います。学校は心の安定を図って、生活や学習に意欲的に取り組めるようにすることが求められます。そうした点で、学級活動の実践を通して、創意工夫して関わりを深めたり、不安やストレスを解消したり、希望や目標をもって生活したりできるようにしたいものです。

5 特別活動を要としたキャリア教育

令和二年4月から、キャリア教育が小学校の学習指導要領に入りました。平成二十八年の中央教育審議会の答申で、今までの取組が、職場体験やインターンシップなどに偏っていたのではないかという指摘がなされました。したがって、ジョブキャリアだけではなくて、ライフキャリアの視点を大事にするということです。

そして特別活動は、総則でキャリア教育の要として示されました。今回、小学校の学級活動(3)を設定して、キャリア教育の視点からの小・中・高の系統性を明確にしました。

もちろんキャリア教育は学校の教育活動全体で行うものであり、学級活動(3)の実践＝キャリア教育ではありません。学級活動(1)で、お互いの考えを尊重してよりよく合意形成を図って決めていくこともキャリア形成に関わるものだし、係活動や委員会活動など、集団の中で役を担って取り組むこともキャリア形成に関わります。これからは、子供たち自身が目標をもって前向きに頑張ったり、なりたい自分を目指して努力したりすることができるようにします。

6 「キャリア・パスポート」の活用

特別活動は、子供たち自身が希望や目標をもつ、見通しをもって取り組み、振り返りを次の課題解決に生かす、いろいろな集団活動で役を担って果たす、協力し合うなど、子供のキャリア形成に繋がる活動が数多くあります。大切なことは活動して終わりにしないことです。そこで「キャリア・パスポート」を活用します。「キャリア・パスポート」は子供たち自身が自分の成長やよさ、頑張りなどに気付いたり、振り返ったりすることができるように、ポートフォリオとして積み重ねていく必要があります。

令和二年度は「キャリア・パスポート」に取り組めなかったという学校もあるでしょう。だからこそ、今後は子供たち自身が自分の生活や学習の見通しをもったり振り返ったりして、新たな目標や意欲に繋げていけるようなものとしてしっかり活用していってほしいのです。

そのために学級活動⑶での効果的な活用が必要になります。年度当初には、「何年生になって」という題材で、子供たちが希望をもち、目標をしっかりと立てるようにします。友だちと仲よくする、勉強を頑張る、算数を頑張るなどという抽象的なことではなく、自分に合った、なりたい自分に向けた目標を立てられるようにします。なりたい自分を明確にするためには、モデルが明確になっていることが重要です。例えば、上学年の姿を想定したり、ビデオレターを活用したりすることが考えられます。

そして、「キャリア・パスポート」は、子供たち自身が自分で書くという点で、自己理解を深めることに繋がります。前年までの「キャリア・パスポート」を見返して、自分の成長に気付いたり、何かくじけたときにも、「そうだったよ、でもあのときも友だちの励ましがあったから頑張れたんだ」というように思い起こして切り替えて、前向きに頑張るきっかけになったりするものだと思います。自分もやればできる、頑張ってよかったという思いにも繋がります。

子供たちは多様な集団活動の中で活動しているわけで、学級担任の先生が見ている姿だけが子供の姿ではありません。「あのときこの子はこんなことを頑張っていたんだ」「こういう思いだったんだ」など、見えない子供の思いや頑張り、努力などを見取り、評価に生かすようにします。また「キャリア・パスポート」を通して子供理解を深め、声かけや励ましに、「キャリア・パスポート」へのコメントなどをその後の指導に生かしていけるようにすることがとても大切です。

7 うまくいかなかったことを、そのままにしない

振り返ると、うまくいかなかったこともあると思います。自分を見つめて書くのですから。でも、反省カードではないのです。ですから、これはできなかった、だめだったで終わりにせず、こういうことはよくできた、次は、こういうことを頑張ろうなど、前向きな自分に繋げていきます。うまくいかなかったときには、よりよくするためにはどうしたらよいかを考えられるようにするということがポイントです。これは「キャリア・パスポート」に限らず、振り返りの大事なポイントといえます。

世の中、いいことばかりではありません。うまくいかないことのほうが多いかもしれません。だからこそ、失敗してくじけず、それを生かして頑張ることができるようにしたい。

それから、友だちや先生からのコメントはとても効果があります。

「この子はこういうふうに思っていたんだ」「私と同じだ」「先生はこんなコメントをしている」など、お互いのよさや頑張りに気付く機会の一つとして、「キャリア・パスポート」などの掲示資料をお互いに見合い、学び合えるような教室環境をつくるということも大事だと思います。

「失敗した」で落ち込ませて終わりではいけません。そこで、「でも、こういうところは頑張ったね。よかったね」といったことや、友だちが見てくれた、自分の気付かなかった自分のよさや頑張りなどを、「あっ、こんなこと見てくれていたんだ。よし、次は頑張るぞ」という前向きの姿勢がとても大事になります。

8 振り返りを大切にする

確かに、すごくいろいろ見なければいけないものがたくさんありますが、改めてキャリア・パスポートをつくるのではなくて、そういう今までのワークシート類を生かすことも可能なわけです。私はそういうふうに、取捨選択して、またはまとめて、持ち上がっていくものだけがキャリア・パスポートというものではなく、その基礎資料となるものも大事だということです。持ち上がっていくものだけではないのです。

振り返れるものがなければいけないのに、持ち上がりの部分だけに目を向けて、「年度末の振り返りのこの1枚だけで書けばいいのですよ」では成果に繋がりません。積み重ねた中から取捨選択したり、まとめたりということが大切です。物事を「嫌だな」と思いながらやるか、「よーし、次は頑張るぞ」と思ってやるか、どちらが成果が上がるかといえば、後者です。失敗を次に生かし、「よーし、次は頑張るぞ」「よし、自分はこれに取り組むぞ」という思いをもっていなければ、うまくいくものもいかないのです。思いどおりにいく人生はほぼあり得ないでしょうし、ずっと思いどおりで挫折したときの衝撃は大き過ぎて立ち直れないかもしれません。

そうではなく、上手にできなかったけど、友だちが助けてくれた、自分なりに頑張った、みんなで協力して頑張ったからできるようになったなど、自分の成長や頑張り、少しのステップを子供自身が感じられるようなものにします。何かあったときに、「あっ、この子はこんなふうに思っていたのか、こんなつらい思いをしていたんだ」など、子供の思いに寄り添い、「キャリア・パスポート」を、個別指導に生かしていくことが大切です。

9 掲示物は、子供の手やプラス言葉で

委員会活動コーナーでは、委員長、副委員長や、活動することを示しているポスターを見かけます。係活動やクラブ活動コーナーも同じですが、子供の手によって更新されているこ

とがとても大事です。月ごとの活動計画を示したり振り返りを示したりして、互いに見合い、参考にできるようにしましょう。また、私は掲示物がプラス言葉で終わっているかマイナス言葉で終わっているかはとても大きいと思います。例えば、「花壇にチューリップの球根を植えました、絶対入らないでください」という掲示をするのか、それとも、「球根を植えました、何の球根だと思いますか、1〇〇、2●●、3◎◎」というふうにクイズにしたり、紙をめくったら見えるようにしたり、「どんな花が咲くか楽しみですね」としたりするのか、どちらが学校生活が楽しいものになるかといったら、もちろん後者です。プラス思考が大切なのです。

日頃の学級生活も同じで、ボールの使い方や、雨の日の過ごし方など、クラスの約束やルールなどを決めるときに、何々しないという禁止の言葉で終わっていませんか。何々をしない、してはいけないではなく、「こうしよう」というやる気や意欲に結び付くような表現を大事にしたいものです。

禁止事項ばかりが書かれていたり、チェック事項ばかりだったりではなく、プラス言葉で満ちあふれるもの、または出来栄えのよさだけではなく子供の手により更新される掲示、そういうものがあるといいなと思います。教室環境も同じです。、係ポスターが1学期間ずっとただ貼られているだけでは、学級生活の向上にあまり意味をなしません。互いに交流し合うとよいでしょう。私も、学級担任のときには、ありがとうカードとアイデアカードをつくって、何々係さんへ「この前の○○はとても楽しかったのでまたやってください」「いつも○○をやってくれてありがとう」など、係同士で交流するようにしていました。

ある学校では、それを、「いいこと見つけましたカード」として、「こうやったらどうですか」と提案する形にしていました。「何々をしてください」と書くよりも、「こんなことをやったらどうですか」と書かれたほうが嬉しいし、取り組んでみようという気持ちになります。掲示物などの環境経営も学級経営なのです。

ただ教室に掲示物を貼り過ぎると、子供によっては気が散ってしまうこともあります。ですから、子供の実態に合わせて工夫することが大切です。

10 活動を積み重ねて、互いのよさに気付く

よいところ探しを、よく⑵の「イよりよい人間関係の形成」で行う学級があります。でも急にやろうとすると、子供たちは互いをよく見ていないから、「○○さんはいつも元気です」など、それを言われてもあんまり嬉しくないことになってしまうわけです。

急に「何十人の友だちのことを見ましょう」と言っても無理なので、一定期間を置いて、日頃から見取ったり、共に活動して互いのことを知ることができるようにしたりします。席替えのときに隣の友だちや同じグループの友だちに「ありがとうのメッセージ」を渡している学級もあります。

日頃からそうやって友だちのよさに気付くことができるようにしたり、お互いが同じ学級の大事な存在なのだという意識をもつようにしたりしていくことで、子供たちが自分のよさや可能性が発揮できるようになります。

11 ガイダンスとカウンセリング

今回、学習指導要領の総則と特別活動にガイダンスとカウンセリングが新たに入りました。ガイダンスというのは全体への指導です。だから、例えば学級会の話合いの進め方など、学級全体に指導することはガイダンスになります。一方、個々の子供への声かけはカウンセリングに当たり、それはただ単に教育相談に限ることではありません。個々の子供たちへの指導や助言、励まし、声かけなどを大事にしていきます。いろいろな子供が、自分もやればできる、頑張ってよかったという思いがもてるようにできるチャンスが、特別活動にはたくさんあります。ガイダンスとカウンセリングの趣旨を踏まえて、効果的に指導を行うようにすることが大切です。

12 委員会活動を、子供の自治的活動に

卒業アルバムや文集に子供たちが書くことの第1位は学校行事です。異年齢の交流活動です。六年生としてリーダー役を頑張った、委員会活動で学校のみんなのためにしっかり仕事をしたなどと書く子供たちが多いです。そして自分の夢やなりたい職業を書いています。

日本の子供たちは夢は何ですかと聞かれると、職業が出てきます。諸外国では、こんな人になりたいと言います。でも予測することが困難な未来ですから、なりたい職業や夢をもつ、なりたい職業について調べるなど、とてもいいことですが、これから先の将来、なりたい職業に就けるとは限らないわけです。だいたい、その職業があるかどうかも分かりません。入りたい会社に入れるとは限らないし、入ったとしても、入りたい部署に配属されるとは限りません。

それは学校生活でも同じで、委員会活動で、本当は放送委員になりたかったけど、整美委員会になったとします。「ワックス配付」「掃除用具チェック」などと、やらされていることだけ、当番的な活動だけをやっていたら、子供の自発的、自治的な活動からは程遠いのです。

委員会活動は学校生活の充実のために活動する自発的、自治的な活動です。みんなの学校生活がもっと楽しくなるためにはどうしたらいいかを話合い、例えば整美委員会だったら、上手な掃除用具の使い方や整頓の仕方を、朝会のときに劇で示したり、ポスターにしたりしてもよいのです。今はＩＣＴを活用する時代なので、「みなさん、掃除のほうきはこんなふうに使うのですよ」と映像で示すこともできます。子供たちの発意・発想を生かしたり、学級活動の経験を生かしたりして、よりよく改善していきましょう。

13 活動だけでなく、思いを繋ぐ

弘前市の学校の校長先生に聞いたお話です。委員会の活動や委員会の発表が終わると、委員長の六年生がいつも、こういうことをやりましたと校長先生に言いに来てくれるそうです。あるとき、いつもは六年生が来るのに、四年生も一緒に来たから、どうしたのかなと思ったら、四年生が活動を覚えるために六年生が付き添ってきたそうです。来年度から委員会活動をするに当たって四年生が心配で、六年生も一緒に来て、見守ってあげていたそうです。素敵なエピソードですね。

玄関前の雪かきも、先生方がやるだけではなくて、子供たちが進んでやってくれるそうです。今までは六年生がやってくれていたけれど、3学期になると五年生も一緒にやってくれています。先生方が、五年生に「やりなさい」と言ったわけではありません。六年生はもう卒業だから「次は、自分たちがやるんだ」という意識が高まり自主的に始めたそうです。「〇〇さんたちがやっているんだから、あなたたちもやったら」などの声かけは、やらされている感だけが高まります。そうではなくて、子供自身が自分たちが頑張らなければという思いをもち、やってよかったという思いがあるからこそ、広がっているのです。

これからの未来を生きる子供たちにはつらいことや大変なこともあるかもしれませんが、くじけないで前向きに頑張っていってほしいと思います。特別活動の豊かな実践を通して、「ああ、目標に向かって努力してよかった」「協力したからできた」「うまくいかなかったけど、頑張ってよかった」「前より成長した」などの子供のたくさんの思いに寄り添い、努力や頑張りを先生だけでなく友だち同士で認め合い、互いを尊重し合う温かい学級風土のもと、笑顔あふれる楽しい学級・学校生活を子供と共につくってほしいと思います。

1 特別活動の重要性を考える

1 今だからこそ、特別活動の意義を考える

私は、特別活動とは、知識を与える学問ではなく、教科等で培った知識や技能を生活という場において生かし、活用し、他者のために役立つ意思決定を行うことでよりよい社会の形成者としての生き方を学ぶ学問だと捉えています。

このように書くと、やや大袈裟だと思われる方もいらっしゃるかと思います。しかし、特別活動は、社会の中にあって自分の人生を楽しく、豊かに生きていくために必要な資質・能力を様々な集団活動を通して、自身の体験の中から学んでいく学校教育における唯一の教育課程です。

これまでの学校教育では、子供たちに、与えられた知識を正確に覚え、知識量を豊富にしていくことを求めてきました。特に製造業を中心とした高度経済成長期においては、与えられた仕事をいかに正確に間違いなくこなせるのか、扱っている機械を間違いなく動かしいかに生産量を上げるか、ということが求められる時代でした。そのために、日本の教育は、知識を使って、思考し、新しいものを創造することよりも、与えられた教科書の内容を中心に、知識量を増やすといった基礎学力の重視に力を入れ、知識偏重主義の教育がなされてきました。

しかし、AI、人工知能が発達したこれからの社会に求められる能力は明らかに変化しています。これまでのように、知識をもって、言われたことをそのとおりやるだけでは不十分なのです。このことは、今回の学習指導要領の改訂の趣旨にも書かれているとおりで、アクティブ・ラーニング（主体的・対話的で深い学び）の視点が重要視されている理由にもなっています。特に、社会生活において正解は一つとは限りません。自分目線で社会における課題について考え、自分なりの答えを導き出す、アート思考的なものの見方が重要になってくるのです。

このように考えると、これからの教育において、特別活動の果たす役割や重要性というものがお分かりいただけると思います。もともと特別活動では、学校生活、学級生活の課題解決に向けて児童が主体的に考え、話し合う協働的な学習を行い、個人による意思決定や集団での合意形成に基づく取組を行ってきました。子供たちは、教科書を使って頭で知識として学ぶのではなく、様々な価値ある活動を通して、数多くの経験値を積むことで「よりよい人間関係」「社会参画」「自己実現」といった社会の中で必要となる力を実体験の中で学んできたのです。これからの社会を生き抜く子供たちにとって、必要な力とは、与えられたことを処理する力ではなく、よりよい社会の形成者として、課題に気付き、多様性を認めながら、協働して課題解決策を創造し、社会に貢献していく力ではないでしょうか。このことを考えると、これからの学校教育の中で、特別活動の充実を図っていくことは、とても重要なことなのです。

2 熊本地震で見た特別活動の大切さ

このことを強く感じた出来事として、平成28年に起こった熊本地震があります。熊本地震

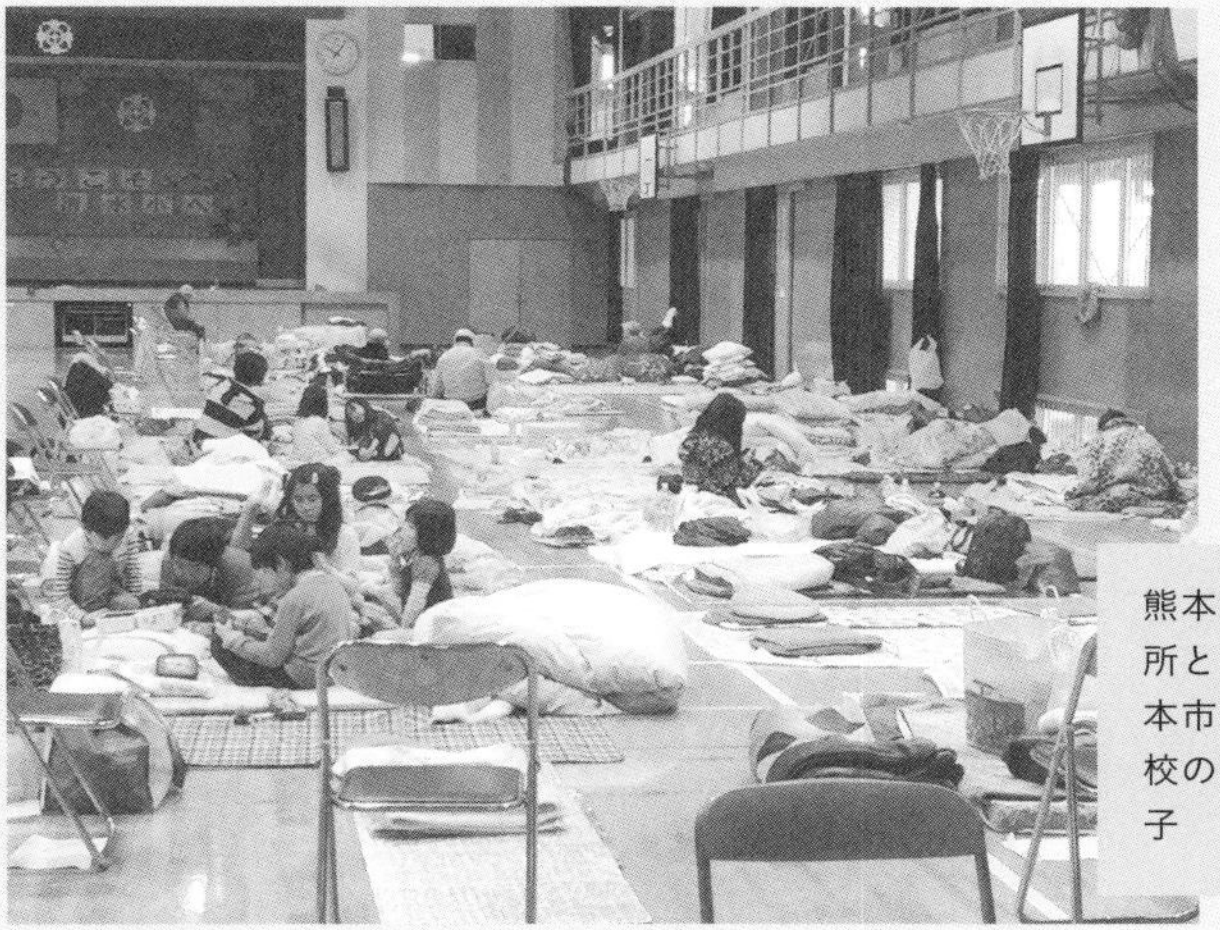

熊本地震の避難所となった、熊本市立清水小学校の体育館の様子

では、多くの人たちが家を離れ、避難所での生活を余儀なくされました。当時、私の勤務していた熊本市立清水小学校にも最大で８００人近くの方が避難してきました。体育館には収容しきれず、教室も開放しました。また、運動場には車中泊をしている方もたくさんいました。

私は、校長として学校に寝泊まりをして避難所の運営に当たりましたが、私とて初めての経験、「水はないのか」「トイレが詰って使えない」「ペットの犬がうるさい」など様々な苦情の対応に苦慮する毎日でした。避難者はみな、精神的にも不安で疲れています。他人のことに関心をもつこともなく、自分のことで精いっぱいです。その結果、平常では考えられないような自分勝手な言動に出る方もいらっしゃいました。

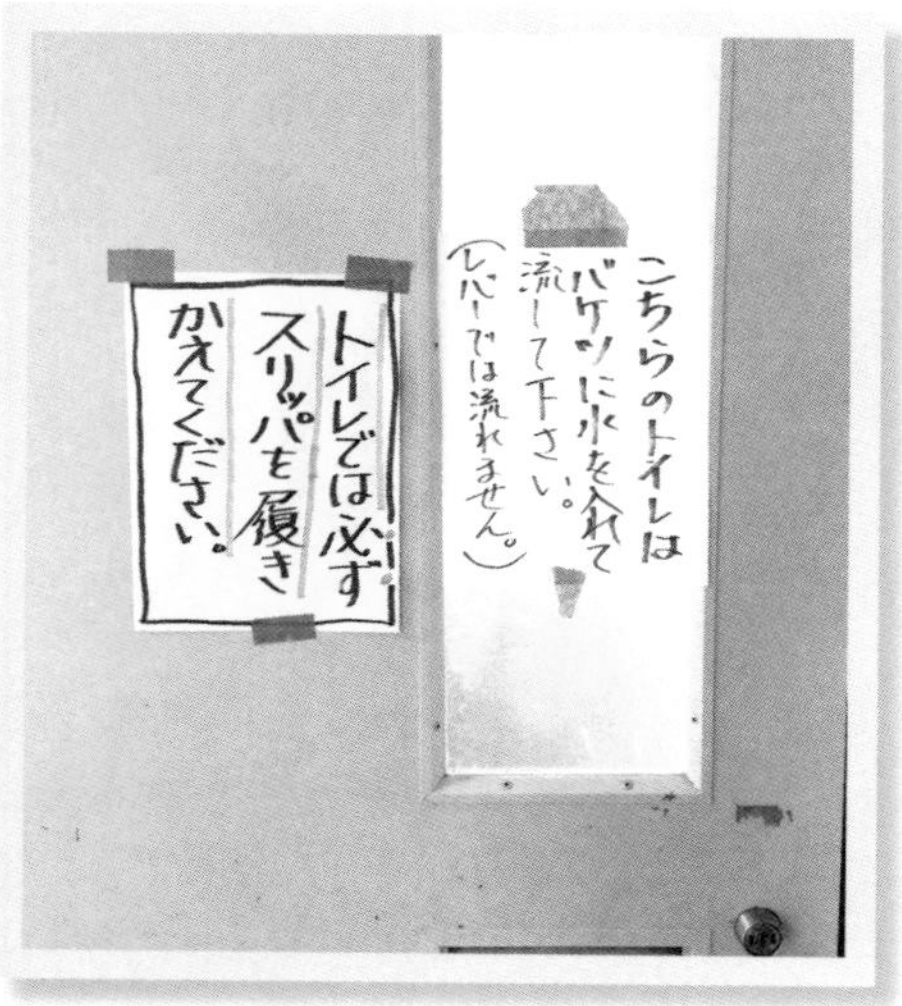

しかし、同じ状況下において自発的にトイレ掃除を始める人やゴミの収集場所を設置する人、物品の配付を手伝う人など、他者のために、今の自分の置かれた状況をよりよく改善していこうと、避難所運営に積極的に参加してくださる方が出てきました。これらの人々は、一様に、人間関係の構築、社会参画、自己実現への意識が高い方々で、私としては大変ありがたい存在でした。そこで、そのような方々を集めて、避難所運営の組織をつくることにしました。みんなで、避難所で生活する上での問題を出し合い、解決策を話合い、衛生班、炊き出し班、物品配付班などのチームをつくり、出てきた問題に関しては、その都度集まり話合いで解決していくことになりました。その結果、避難者による自治的な避難所運営ができるようになり、大きなトラブルはなくなっていきました。

これは、まさしく特別活動で育てた力が社会の中で生かされた出来事でした。熊本地震というだれも経験していない予期せぬ出来事に対して、ただ、悲観してうろたえて、苦情を訴え、諍いを起こす人もいました。一方で、現実に向き合い、今置かれた状況をいかによりよい状況に変えていくかと、前向きに自己決定を行い、他者と協働しながら今の生活をよりよく解決していこうとする人もいました。同時に、「先生、私たちに何かすることはありませんか」と言って、ボランティアに来てくれた高校生、大学生もたくさんいました。

私たちは、子供たちをどのような大人へと育てていくのでしょうか。

私は、この避難所での様々な経験から、よりよく社会を生き抜いていく上で大切な資質や能力といったものは、特別活動で育てる資質・能力と全く一致していることを感じ、改めて、特別活動の重要性を認識することができました。

3 非認知的能力と特別活動

AI、ロボット、ビッグデータなどが急速に発達した世の中において、これらの力を活用し、予測困難とされる様々な社会的課題に取り組むために必要な力とは何でしょうか。

たくさんの知識を覚え、知っていたとしても、膨大な情報量と処理能力を備えたAIやロ

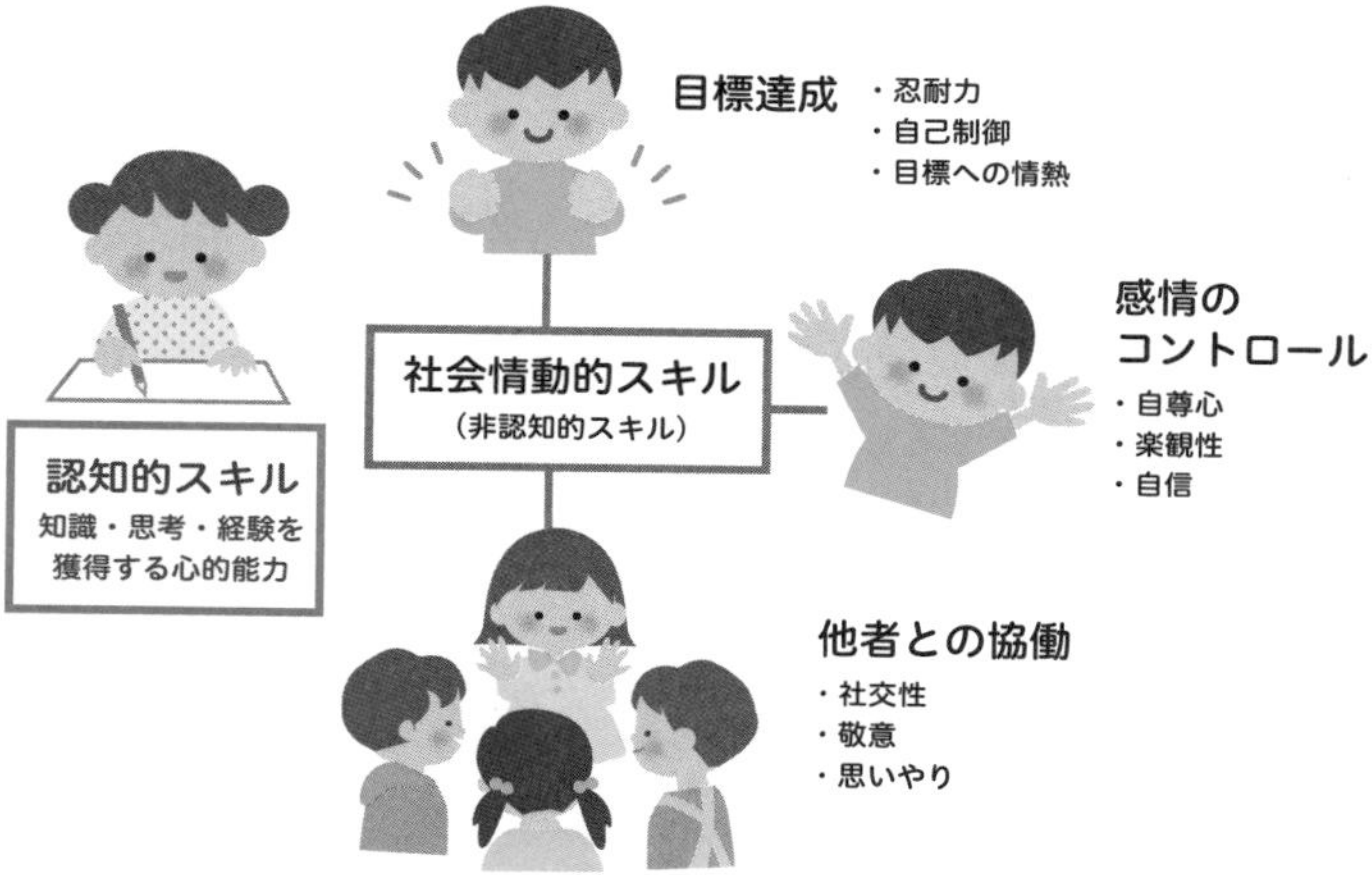

ボットに我々は敵うはずもありません。もちろん、これまでのように知識は必要でしょうが、知識を再現するだけの学力だとしたらそのことを学ぶ必要性はあまり感じられません。これからの教育では、獲得した知識や情報を活用し、予期せぬ新しい課題に対して創造的に解決策を見出し、社会に貢献していく力を育てていくことが重要視されるのではないでしょうか。

そのために、学校教育においては、創造性、批判的思考、課題解決能力、コミュニケーション、協働性といったテストで測ることのできない能力、人間だからこそできる力、人間力ともいうべき非認知的能力の育成が強く求められるようになってきています。

では、学校教育において、どの教科等がその役割を担うのでしょうか。残念なことに、学校教育において直接的に非認知的能力の育成を目的としている教科等はありません。唯一、特別活動だけが、様々な集団活動を通して、「よりよい人間関係の構築」「社会参画」「自己実現」といった非認知的な視点を柱とした資質・能力の育成を目標に掲げているのです。

非認知的な能力は、机の前に座って、教科書を使って学ぶことで培う力ではありません。人と人、人と社会が関わる中で育ってくる力なのです。特別活動は、学校教育の中で、唯一、集団活動を特質として行う活動で、集団活動を通して、人と人がよりよく生きていくための人間関係を構築していく力、社会の中での自分の役割や責任を自覚し、果たしていくといった社会参画の力、なりたい自分になるといった自己実現の力といったものを培うことを目指して行う活動です。そう考えると、特別活動は、集団活動の中で、実体験を通して、コミュニケーション能力や協働性、忍耐力、やり抜く力といった非認知的な能力を育てるとても大切な教育活動であることは、ご理解いただけると思います。

II 特別活動の課題

1 「なすことによって学ぶ」の落とし穴

しかしながら、これまでの学校教育においては、残念ながら、テストの点数として成果が表れない特別活動は必ずしも重要視されていませんでした。そこには、前述したように学校教育が、点数として表れる教科重視の風潮と知識を与え、再現することに教育の重みを置いていたという状況があったからでしょう。そのために、知識を与える教科でない特別活動には関心が薄いといった現状があったのかもしれません。

また、教科書がないため、教師自身が「どのように指導すればよいのか分からない」といっ

たことから、教師間での指導に大きな差があったのも事実です。教科書のない特別活動においては、学ぶべき内容は学校生活の中にあります。しかも、実践、経験を重視した学習形態であったということから、特別活動では、「なすことによって学ぶ」を指導理念としてきました。何となく美しい「なすことによって学ぶ」という言葉ですが、「なすことによって学ぶ」という言葉の表面的な捉えからか、特別活動に対して、「活動あって学びなし」という批判があるのも事実です。

また、指導者によっては、「特別活動は、子供が好きなことをする時間。教師が関わる時間ではない」といった誤った放任主義的な活動をよしとする人もいました。すなわち、子供たちは楽しく活動しているけれども、そこに何の学びもなく、ただ「おもしろかった」で終わる活動が多いという批判です。この批判に対して、私たちは謙虚に耳を傾けなければいけません。事実、何を目的として行っているのか分からないといった活動も多く見られます。ただ活動をすれば子供たちは学ぶのかというとそうではありません。きちんとした目的をもった活動、価値をもった活動をすることが重要になってきます。

特別活動は、子供が自主的、自発的に学校、学級生活上の課題解決を図っていくことに活動のねらいがあります。外から見ると、一見、同じに見える集会活動でも、ねらいをしっかりもった集会活動とねらいのない遊びの延長でやっている集会活動では、学びの質が大きく違ってきます。

一つの例を挙げるとすると、学期末になるとどの学級でもよく行われる「お楽しみ会」のようなものです。私も若い頃は、1学期間よくみんな頑張ったね。ご褒美に、みんなの好きなことをしてよい時間として、お楽しみ会をやっていました。子供たちは学級会を開き、することを決めて大喜びで行います。担任の先生は、子供の自由にさせて、自分は事務整理をしているなんてこともあります。子供たちにとっては、勉強時間を使って好きなことができるのですから嬉しいに決まっています。しかし、このお楽しみ会に何の学びがあるのでしょうか。授業時間を使って行う活動であるからには、そこに学びがなければ行う意味はないと思います。

一方、同じ学期末に行うお楽しみ会であっても、「転出する○○さんに、これまでの感謝と最後の思い出をつくる会をしよう」といった目的をもった会であるならばどうでしょうか。学級会の話合いの中では、何をすれば最後の思い出をつくれるのか、どういう方法をとれ

ば、相手に思いを伝えることができるのか、といった相手意識をもった話合いとなるでしょう。そうすると、話合いや実践の場においても○○さんを意識した活動となるでしょう。そうすると、話合いや実践の場において学ぶべき価値がたくさんあるのではないでしょうか。

特別活動が「活動あって学びなし」と言われないためにも、教師の適切な指導の下に、学びある活動を意識していくことが大事になります。

2 集団主義へ陥る怖さ

私は、初任のときから三十数年にわたり特別活動の実践、研究に携わってきました。なぜ、ここまで長きにわたり、特別活動を大切にやってきたかというと、みんなで一つのことに取り組むこと、そして、一つのことを成し遂げたときの達成感や充実感、ときには、失敗したときの悔しさのようなものを味わうことが、子供たちのその後の人生に何かしら大きな力になると信じてきたからです。

しかし、これまでの実践において、大きな過ちも繰り返してきました。特別活動の実践を熱心に行うが故に陥る罠のようなものでしょうか。

いわゆる、集団主義的な思考、実践に陥ってしまうことです。知らぬ間に、個よりも集団に価値を置いてしまい、集団での決定は絶対であり、集団のためには個は我慢しなければならないという考えです。

このような誤った集団主義的な思考になってしまうと、集団で決めたことができない子に対して、周りから非難が集中します。「なぜ、お前はできないんだ」「みんなやっていることじゃないか、甘えるな」のような非難です。そして、最後にはその子を排除するような集団になってしまいます。すなわち、いじめです。

集団で活動するときに気を付けなければならないことは、このようないじめを生むような活動になってしまう危険性への認識をもつことです。

例えば、「ビー玉貯金」を一つの例に挙げましょう。「ビー玉貯金」に取り組んでいる学級はよく見られます。「ビー玉貯金」とは、学級で決めたことを学級全員ができたときにビー玉を一つ瓶の中に入れます。そして、その瓶の中のビー玉がいっぱいになったときには、ご褒美として「お祝いの会をしよう」といったような目標を立てて取り組む活動です。

この活動に取り組む理由としては、目標ができたかどうかを可視化できる点、そのことによって、子供たちのモチベーションを上げることにあると思われます。しかし一方で、ビー玉を入れることができなかったときに、その原因となった子は自分の責任を重く感じるでしょうし、周りのこの視線から学級の中に居づらくなるのではないでしょうか。

実際に、ある学級でこのようなことがありました。

その学級では、忘れ物をなくすための方法として、全員の忘れ物がなかった日にビー玉を一つ入れることにしていました。学期末のある日、あと一つで目標達成し、お祝い会ができるといったときに、ある子が忘れ物をしました。その子は、教室に入ることができずに、泣きながら廊下に立っていました。担任が声をかけても何も言わず泣くばかり、やっとのことで理由を聞き出すと、「自分が忘れ物をしたので、みんなが楽しみにしていたお祝いの会ができない。自分のせいだ」「みんなから文句を言われる」といって泣いていたのです。幸いなことに、この学級では、その子を責めたり非難したりするような子はいなかったのですが、当該児童にとっては、つらく、きつい思いをしたことには間違いありません。

ラグビーの精神で有名な言葉に「ワンフォーオール・オールフォーワン」という言葉があります。「一人はみんなのために、みんなは一人のために」と訳されています。

この言葉の「一人はみんなのために」だけに目がいってしまうと、一人はみんなのために犠牲になると捉えてしまいがちですが、この言葉の本当の意味は「一人はみんなのために、みんなは一つの目的のために」と聞いたことがあります。チームとして一つの目的に向かって、一人一人が自分の役割や責任を果たし、お互いをリスペクトしフォローし合うことの大切さを述べた言葉だと感じています。

私たちも学級集団をつくる際に、集団という言葉の罠に陥らないようにしていきたいものです。

III 学級経営と学級活動

1 学級経営における学級活動の役割

今回（平成二十九年）の学習指導要領第6章特別活動の第3の1の⑶で、学級活動における児童の自発的、自治的な活動を中心として学級経営の充実を図ることが示されています。このことは、実はとても大きな意味をもっていると私は感じています。

私たちは、一言で学級経営とよく言いますが、学級経営とはどんなことをいうのでしょうか。ブリタニカ国際大百科事典では、「学級経営とは学校における児童の基本的な活動単位である学級を、教育的な目的に即して組織化し、教育活動を充実させていく教師の仕事」と

書かれています。

すなわち、学級経営を単に教師による学習条件の整備といった管理的な発想ではなく、集団生活の場としての学級としての視点から、学級集団づくりを通して、個々の学習意欲を高めたり、よりよい人間関係を構築したり、集団の規律を確立していくことの大切さが言われています。どんなに、すばらしい授業をしたとしても、基盤となる学級集団が崩れていては、学習効果は望めませんし、集団の中で学習しようとする意欲の喚起にはいたりません。よりよい学級集団が基盤にあっての生活意欲、学習意欲の高まりとなるのではないでしょうか。そう考えたときに、学級活動の果たす役割は大きなものがあります。

教師は、一年を通して学級をただの集まりから規律ある自治的な集団へと高めていくことが重要です。そのためには、教師が一方的にルールを押し付けたり、子供を管理したりしていくような教師主導の管理的な集団づくりでは意味がありません。学級での生活の主体者である子供自身が、主体的によりよい学校、学級生活をつくるために、話合い、協働して実践し、解決していく自治的な集団づくりこそが大切になります。

このことからも、学級活動を生かした学級経営の充実を図ることが示された意味がお分かりになるかと思います。学級活動は、教師が行う学級経営においても、中心的な役割を果たすのです。

2 学級目標はなぜ必要か

4月、年度始めの学級は、子供たちの人間関係は希薄で、この集団で「何かやりたい」という思いや一つの目的をもって集まってきた集団ではありません。たまたま一緒の学級になって集まった集団にすぎません。教師は、この集団をまとまりのある規律のある自治的な集団へと高めていかなければなりません。そのために必要なのが学級目標です。

学級が高まり合う集団となるためには、集団を形成している一人一人の子供が同じ目標を共有していることがもっとも重要です。例えば、スポーツチームにしても、大会で優勝するという共通の目標があるから、個々がそれに向かって努力します。もし、同じチームの中に、「自分は楽しむだけで、勝負にこだわらない」とか「自分は体力づくりのためにチームにいる」など、バラバラの目標をもった人がいたとすると、チームとしてはまとまりのないものになってしまいます。

学級も同じで、集団として目指す姿（目標）を共有することで、一人一人の子供は自分のなすべきことが見えてきて、結果、集団としての高まりに繋っていきます。学級目標は学級が集団として機能するためには、必要不可欠なものです。

とはいえ、ただ学級目標をつくればよいということではありません。大切なのは、目標に対する個々の思いであり、設定までのプロセスです。出来上がった目標は、一人一人の学級の子供の思いや担任の思いを反映したものでなくてはなりません。そのためには、目標設定のプロセスを丁寧に行う必要があるのです。

私が小学生だったときにも、学級目標といわれるものがあったような気がします。それは、教室の黒板の上に額縁に入って墨で書かれていた「努力」という言葉です。学級目標というより、級訓といったものでしょうか。でも、それは額縁に入ったお飾りで、学級においては何の意味ももたないものでした。そのような目標が実は今もたくさんあるのではないでしょうか。

担任の先生の思いだけでつくった目標は、担任の自己満足で終わってしまい、子供一人一人の心の中には入っていきません。結果、学級の飾り物としての掲示物となってしまいます。

これでは、学級目標をつくる意味はありません。

逆もあります。学級目標を子供だけで話し合わせて決めるやり方です。私も若いときは、学級会で話し合わせて学級目標を決めていました。しかしこれでは、担任として目指す学級像と子供が目指したい学級像に違いが出てくる場合があります。学級経営とはそもそも教師が行うもので、学級経営目標は教師が立てるものです。子供だけで学級目標を決めさせると、担任としての学級経営目標との整合性がとれなくなることにも繋がります。

このように考えると、学級目標は、学級経営をしていく担任と学級生活の主体者である子供の両方の思いを出し合い、その擦り合わせによって決めていくのがよいかと思います。学級の主たる生活者である子供とその学級をよりよい方向に導く担任との双方の思いを互いに分かり合えてこそ、学級の進むべき方向（目標）が見えてくると考えます。

しかし、このようにして立てた学級目標にも落とし穴があります。あるとき、私は子供から「学級目標なんていらない」と訴えられたことがあります。「なぜ？」と聞くと、「学級目標があると、それに縛られて自分の好きなことができない」「『学級目標のために』ばかり言われて窮屈だ」と言うのです。そのとき初めて「はっ」とさせられました。これまで、つくることが当たり前、学級目標があるから学級はうまくいっていると思っていた私にとっては、衝撃的だったのです。

なぜ、このようなことになったのでしょうか。その原因は、私が集団目標と個人目標の関係を理解していなかったことにあります。私は、集団目標である学級目標だけを子供たちに意識させ、集団主義的な発想で学級をつくっていたのです。すなわち、集団の目標を一番に考え、個人のやりたいことを我慢させるような学級づくりを行ってきたことに問題があったのです。集団の中に個が埋没し、個が尊重されない学級では、居心地の悪さを感じるのは当然のことです。そのことを、私はこの子の言葉から気付くことができました。

そのように考えると、集団目標と個人目標の関係が少し見えてきます。学級目標（集団目標）とは、学級全体として目指していく方向を示していくもので、そのための個のやり方を規制するものではないということです。目指していく方向が同じであるならば、そのためのやり方は個に任せることが大事です。

そこで重要なのは、個人の意思決定です。自分は、目指す学級像に近づくために何をするのか、何ができるのかを一人一人の子供が考え、決めて実践していくことが大事になります。つまり、個が決めたことを個々が実践していくことが学級集団としての目標に近づくという考えです。多様性をもった子供たちが集まる学級において、それぞれが自分の役割や責任を自覚し、果たしていくことで集団としての学級が高まることが大事なことだと思います。

この考えをもつと、当然、学級集団を評価する視点も違ってきます。学級集団を評価するときに、私はよくアンケートを使って「この学級は学級目標に向かって頑張っていますか」とか、「学級目標にどれくらい近づいていますか」などといった項目で子供たちに書かせていました。みなさんはどうでしょうか？

この方法で評価をすると、個が集団を評価することになり、他人への評価となってしまいます。例えば、「○○さんができていないから学級目標が達成できない」などといった、他者を批判するような評価となり、好ましい集団づくりとは相反する評価となってしまう可能性があります。

そうではなく、個人の目標（意思決定）の先に集団目標の達成があると考えるならば、自分の立てた目標に対して、自分ができたかできなかったかを評価することが大切なのです。学級成員である一人一人の子供が自分の目標を達成することが、すなわち学級集団としての目標の達成となるのです。

どうでしょうか。集団目標と個人目標の関係が少しは分かっていただけたでしょうか。

3 学級の物語が見える学級会を

子供たちが生活をしている場である学級では、日々、様々な出来事が展開されています。それら学級の中での出来事を通して、個々の子供たちは様々なことを考え、思いながら生活をしています。学級生活を議題として扱う学級会では、そのような学級の出来事が透けて見え、一つの物語が出来上がるような話合い、実践が行われてほしいと願っています。

そこで重要になるのが議題です。現状、学級会の議題の大半は集会活動であると言われています。事実、スポーツ集会やお楽しみ会などの話合いが多く、先生方からも、集会の議題しか集まらないといった悩みがよく聞かれます。

では、集会活動がいけないのでしょうか?

私は、そうは思いません。なぜなら集会活動ほど、どの子も喜び、やる気をもって行う活動は他にはないからです。では、何が問題なのかというと、そこに生活に基づいた物語のない集会活動が数多く行われていることにあります。集会活動を行うことが目的となってしまって、自分の生活を振り返り、よりよい生活づくりに繋がらない活動が多いことに問題があります。

では、学級の物語が見える学級会とはどのようなものか、ある学級の例を見てみましょう。この学級では、4月に転入生が入ってきました。しかし、コロナウイルス感染防止対策として、学校は5月いっぱいまで臨時休校となりました。知らない土地で友だちもいない転入生にとって自宅での2か月は不安だったと思います。臨時休校が明けた6月、子供たちは新しい学級の友だちや担任とやっと一緒の学級で学習や生活を共にすることができました。

しかし、たった一人の転入生は、なかなかうまく学級の中に溶け込めず、友だちも少なく、「前の学校に帰りたい」と言うようになりました。それを聞いた一人の子が、担任の先生に「このままでいいのかなあ」と相談に行きました。このことをきっかけに、他の子供たちにも話を聞くと、「自分もあまり話したことのない友だちがいる」「前のクラスで一緒だった友だちといることが多い」といった、学級の実態が浮き彫りになったのです。一人の悩みが学級全体の問題として一人一人の子供たちに認識され、学級会として話し合われることになりました。

この学級会に至るまでの学級の物語がとても重要なのです。物語を一人一人の子供が共有することで、学級の問題が自分事として捉えられ、話合いの質はぐんと高まります。この学級の学級会の議題は「みんなと話ができて、だれとでも仲よくできる集会をしよう」というものでした。出口として集会活動になるのですが、「この集会活動を何のためにするのか」といった目的を全員が分かっていることで、単に集会を決める話合いではなく、問題を解決するにはどんな集会をすればよいのかといった問題解決のための話合いへと発展します。

学級会では、コロナ禍の状況で密にならずに、みんなと話ができること。そして、だれとでも仲よくできることの2点に焦点を絞った話合いが行われました。その結果、オンライン会議アプリ機能を使った「オンライン会議アプリ鬼ごっこ」をやることが決まりました。実践では、みんなが声をかけ合い、遠隔で送られてくる指令に対して仲間と協力しながら指令をクリアしていく子供たちの笑顔があふれていました。

振り返りの中で、転入生は「オンライン会議アプリ鬼ごっこを通して、いろんな人と話ができたし、友だちもたくさんできたから、今は寂しくない。この学級でも仲よくやっていけそうな気がしてきた」と感想を書いています。また、他の子供たちも「これまで、話すことのできなかっ

た友だちと話すことができて楽しかった」「協力して指令に取り組むことで、楽しく活動することができた」と書いています。

すなわち、転入生のつぶやきが、学級での話合いに発展し、実践を行うことで、学級全体の問題の解決に繋がるといった一連の学級の物語になったわけです。これこそが子供たちによる生活づくりといえると思います。

また、六年生のある学級では、「学級みんなでボランティアを盛り上げよう」という話合いが行われました。よくある議題で、何となく最高学年としてやるのが当たり前といった雰囲気で行われる話合いです。

ところが、この学級では、「ボランティアなんかする意味があるのか」といったある子の発言から学級の物語が始まります。この発言をした子は、実はこれまで毎朝、始業前に学校の周りをほうきで掃いてボランティアをしていた子だったのです。この子は、朝からボランティアといって、ほうきをもって出てくるけど、何もせずおしゃべりばかりしている友だちを見ていて、ボランティアの意味を自分の中で考えていたのです。「ボランティアはやりたい人がすればいい。みんなで強制してするものではない」「やる気もないのに、出てきても迷惑だ」とその後も発言を続けました。

この発言を聞いた、他の子供たちはボランティアの意味や自分のこれまでの姿勢を考えることになりました。なぜ、ボランティアを自分たちがするのか、そのことに何の意味があるのかを真剣に考え、意見を出し始めたのです。道徳的な話合いにはなりましたが、その上で、学級としてやるべきボランティアの形をみんなで話合い、合意に結び付けることができました。その結果、合意に基づき週1回は、みんなでボランティア祭として学年の花壇を整理したり、自分で気付いたところの清掃をしたりして学級みんなで活動を行っています。

また、その他の日は、学校の伝統を引き継ぐといったことから、各自でボランティアをやりたい子がやりたい時間に自分ができることを生き生きと取り組んでいます。「やらなきゃいけないから」というやらされ感ではなく、自分たちの学級がこうありたい、自分はこうありたいという気持ちの伝わるボランティアを展開するようになったのです。

この学級会においても、ボランティアに対する学級の物語が感じられます。学級の現状をきちんと振り返り、問題提起を行う。学級の生活から出た議題だからこそ、そこに学級の成長に繋がる物語が出来上がると思います。

子供が生活している学級、学校だからこそ、そこには様々な物語が隠されています。物語の始まりは一人の子の小さなつぶやきかもしれません。そのつぶやきを見逃すことなく、学級全体の問題として議題化することが大切です。

学級会を通して、そのようなそれぞれの学級の物語が語られていくことは、素敵なことだと思いませんか。ぜひ、学級の物語の見える学級会を目指してやっていってください。

4 学級の荒れを防ぐ学級活動

いわゆる学級崩壊。学級が荒れてしまって、子供への指示が通らない、子供が好き勝手なことをして、学級としての規律が保てなくなってしまうといった学級を見ることがあります。担任の先生は一生懸命やっているのだけど、子供が先生の指示を聞かない、授業が成り立たない、最終的には、担任が精神的に参ってしまって休職するといった最悪の事態になることもあります。

なぜ、このような状況が生まれるのでしょうか。

学級活動の充実は、学級の荒れや学級崩壊を未然に防いだり、学級を立て直したりすることに大きく寄与すると言われています。

その理由としては、学級のよりよい生活や人間関係づくりを年間通して、話合い、協働して実践し、振り返るという一連の学習過程を、スパイラルにやっていくことで、自治的な力が備わった学級集団へと成長していくことが考えられます。

私自身、長い教師生活の中では何度か学級崩壊になってしまった学級を次の学年で担任することがありました。

ある学級は、五年生のときに学級崩壊になってしまい、担任の指示には全く従わない、管理職が授業を見に行っても教室の後ろで暴れている子はいるし、運動場から教室に戻ってこない子がいるといったように授業が全く成り立たない状況にありました。

この学級を六年時で担任したときに考えたことは、段階に応じた指導を計画的に行うことで、自治的な学級集団へ高めていくことでした。まずは、学級としての目標を明確にし、全員で共有すること。同時に、学級としての規範づくりを行いました。

学級目標をつくるねらいについては、前述したとおりで、学級集団としてみんなが目指す姿を明確に示すことは、学級経営を行う上での第一歩だと考えているからです。目指す方向を明確に示すことで個が集団の中でやるべきことの目標立てを行うことができ、振り返り、改善といった学級経営のマネジメントが機能し始めるのです。

同時に、学級集団としての規範づくりを行いました。五年生のときは、学級の規範などなく、いや、あったのかもしれませんが守らないことが当たり前、守らないことを喜ぶような風潮が見られたので、子供と一緒に学級のルールについて話をしていきました。

最初に、担任としてこれだけは許さないという学級のルールを示しました。「自分がされて嫌なことは友だちにもしない。人に迷惑をかけない」というシンプルなものです。学級にいる子供が学級の中で安心・安全に過ごすことができることは集団をつくっていく上で、もっとも重要視されることで、このことが脅かされていては学級経営はできません。だから、これに関しては、徹底的に厳しく指導をしていきました。

しかし、その他の授業中の決まりや細々したものは、その都度、学級生活の中で子供と一緒に話し合って決めるようにしていきました。そうすることで、これまで、気に入らないことがあると殴り合っていた子供たちが、困ったことがあると、話し合えばいいという解決策を見出すことができたのです。

次に行ったことは、自分の学級に誇りをもつこと。この学級の一員であることを喜びに感じるための取組です。実は、この学級の子供たちは、五年生のときから怒られることが多くて、先生たちからも「あの学級は…」と言われ続けていたので、一人一人の自己肯定感や、学級としてのまとまり、所属感といったものがとても低かったという状況がありました。

そこで、学級目標を受けて、それを表すシンボルマークをつくり、学級旗を作製しました。学級会で自分たちの学級を表すにはどんな図柄にするとよいのか、一人一人が考えてきた図柄をもとに、学級を表すマークを考えていきました。結果、この学級では、龍をモチーフにしたシンボルマークに決定し、学級旗を完成させました。

次は、学級の歌づくりです。みんなの好きな歌でだれもが歌える歌をもとに、替え歌をつくりました。これも学級会で話合い、歌詞に入れる言葉を考え、学級らしさを歌詞に盛り込みつくりました。さらには、体育の時間に、この学級の歌に合わせた準備体操をみんなで考え、体育の時間の始まりには、曲を流し、体操を行いました。学級旗は、毎朝、朝の会で学級の歌を歌いながら、教室で掲揚し、帰りの会で降納しました。

このような取組を1学期かけて行うことで、子供たちは自分の学級を強く意識するようになり、自分がこの学級の一員であることを喜びに感じるようになりました。こうなると、学級としてのまとまりは強くなり、自分勝手なことをする子はいなくなってきます。

もともと、学級が荒れるくらいエネルギーのある子供たちでしたから、学級として目指す姿が明確になり、目標達成への一体感が出てくると、「もっと、こんなこともしたい」という思いが、一つの方向に向かって流れ、より強くまとまるものです。

そして、この学級のまとまりをさらに強く、決定的にしたのが2学期の運動会でした。この学校では、六年生は学級対抗で全員リレーを行います。この学級の運動会の目標は「全員リレーで1位をとる」でした。バトン渡しの練習を朝から運動場で行ったり、走る順番を入れ替えたりするものの、何度やっても練習では隣のクラスには勝てません。やがて、「だれが悪い」「どうせ隣のクラスには勝てない」などの声も出てきて、五年生のときのように、責任を転嫁するような姿も見られ、あきらめムードが漂うようになってきました。

このときは、私自身、悔しくて「君たちの本気はこの程度のものなのか、悔しくはないのか」と感情的に子供たちに話したのを覚えています。そんな中、五年生のときに学級を引っかき回していた、やんちゃな男の子数名が「おい、練習するぞ」と言って、帰りの会で呼びかけ、朝早くから登校し、走りの苦手な子にバトンの渡し方やバトンゾーンの使い方などを教え、みんなで声をかけながら練習する姿に変わっていきました。運動会では、アンカーの子が最後のコーナーで追い抜き、1位でゴールテープを切るというドラマのような劇的な結果となり、みんな抱き合って喜び、胴上げしたのを思い出します。

この運動会の出来事を境に、子供たちに「困難なこともみんなでやれば乗り越えられる」という自信が芽生えました。そして、友だちのことをばかにしたり、揶揄したりするようなこともなくなり、笑顔の絶えない、すばらしいまとまりある学級へと成長していきました。

今でも、この学級のクラス会をすると、話の中心は、運動会での全員リレーのことと、旗をつくったこと、歌をつくったこと、そして、私から叱られたことです。いろんなことがありながらも、みんなで一つの目標に向かって取り組む学級活動、学校行事のすばらしさを感じずにはいられません。

「小学校学習指導要領」第6章第3の2の⑶には「学校生活への適応や人間関係の形成などについては、主に集団の場面で必要な指導や援助を行うガイダンスと、個々の児童の多様な実態を踏まえ、一人一人が抱える課題に個別に対応した指導を行うカウンセリング（教育相談を含む。）の双方の趣旨を踏まえて指導を行うこと」と書かれています。

学級経営を円滑に行うためには、まずは、子供の話を聞き、子供に寄り添い、子供を認めるカウンセリング的な手法による担任と子供の信頼関係の構築を図っていくことが大事です。その上で集団の中での適応や人間関係の形成といったガイダンスを、主に学級活動を中心に自主的、実践的な子供同士の活動の中で子供自身が学んでいくことが大切になってきます。ガイダンスとカウンセリングの趣旨を踏まえた指導を計画的に行うことで、学級経営を進めていきたいものです。

5 トライ&エラー「できない」を「できる」に

学校の先生は、一般的に「待つ」ということが苦手です。それは、もしかすると教えることを仕事としている教師としての性かもしれません。また、「きちんとさせる」「失敗をさせない」ことが自分の指導力と思っているのかもしれません。しかしながら、実はこのことが子供の資質・能力の育成を阻害していることに繋っているのです。

子供たちは、失敗を繰り返しながら、自分の体験の中からいろんなことを学んで成長していきます。失敗をすることで、どうすればよかったのかを考え、次に生かしていくのです。教師は、そのつまずきを解決するためのアドバイスを送るだけでよいのです。初めからできることに対しては、何の学びもありません。これまでやったことのないことにトライするから学びがあるのです。

そう考えると、失敗（エラー）は当たり前のことで、失敗を生かして次に繋げることに価値を置くべきです。特別活動のように、体験からの学びを重視している領域こそ、このトライ＆エラーの考え方を大切にするべきなのです。

ところが、実際の活動を見てみるとそうでない実践が多く見られます。

例えば、どこの学校でも行っている朝の児童集会です。各委員会が全校児童の前に出て、委員会からの発表やお知らせなどを行う集会です。これは、校長先生や生徒指導の先生が前に立って児童に話す朝会とは区別され、児童が主体的に行う集会という位置付けになっています。

あるとき、職員室である先生が「うちの委員会の子供たちは、全くやる気がない。来週、うちの委員会の発表なのに練習にも来ないし、もう私は知らない！」と立腹されていました。そこで、私がその委員会の子供たちに話を聞くと「だって、先生がつくった台本でセリフを覚えておかないと怒られるし、自分たちがやりたいことではない」と口々に言うのです。

おそらく、この委員会の担当の先生は、全校児童の前で発表するからには、みんなに伝わるように、きちんとした発表をしなければならないという思いが強く、ある意味、子供たちに恥をかかせないように自分のつくったシナリオを子供たちに覚えさせ、発表させようと

思ったのだと思います。教師がつくることはよくあることだと思います。

しかし、教師がつくったシナリオの発表に何の意味があるのでしょうか。たとえ、見ている人が、「今日の発表はとても分かりやすくてよかった」と言ったとしても、子供の中に満足感や学びはあるのでしょうか？　演劇の発表会であれば、それは賞賛に値するのかもしれません。しかし、この児童集会の目的は演劇ではありません。子供が主体的に学校生活の問題を考え、伝えたいことを自発的に全校児童に発信することに意味があるのです。

先生の「失敗させたくない」という気持ちはよく分かりますが、ここは子供に任せることに意味があるのです。ここでの先生の役割は、シナリオをつくって教えることではなく、資料のまとめ方や分かりやすい伝え方をアドバイスすることにあります。何を伝えるのか、どのような方法で伝えるのかは子供自身が決めることなのです。その上で、児童自身の決定によって行った集会がたとえ失敗したとしても、その失敗を振り返り、次はどうすればよいのかを子供自身が考え、次に生かすことがもっとも重要なことです。

同じようなことが、学級会でもいえます。私がよく失敗したのは、学級で行う集会活動です。集会の時間は、1時間と決めた上で話合い決定したのですが、実際に集会が始まると、様々な問題が発生し、時間内に終わらないことがあります。子供たちは、せっかく準備したのだからと時間を延長してくれるように懇願します。

あなたならどうしますか？

若いときの私は、「よし、分かった。みんな頑張って準備したからね。じゃあ、あと1時間時間をあげるので最後までやりなさい」と子供の要求を認めていました。しかし、これでは、子供の学びに全く繋っていないことが分かりました。

なぜなら、子供たちは、毎回同じ失敗を繰り返すのです。子供たちの心理としては、時間を延長したことで最後までやることができたので、失敗したという実感が湧かず、振り返りの中で失敗した原因についての話合いが行われなかったことにあります。すなわち、失敗が次の実践に生きないということです。

このような失敗を繰り返した私は、その後の実践では、1時間と決めて行う集会では、たとえ途中であろうと、1時間で打ち切ることにしました。その上で、その日の帰りの会の時間、もしくは次の学級会の時間に、なぜ今回の集会が失敗したのかを話合い、失敗の原因を探り、次に行うときにはどうしないといけないかを決めるようにしていきました。なぜならば、そのことがすなわち、子供の問題解決能力を高めることになり、子供の自治能力を高めることへと繋っていくことが分かったからです。

　失敗の経験は決して楽しいものではないし、苦痛を伴うものでもあります。失敗することで、深く傷つく場合だってあります。だから、あえて失敗すると分かっていることをやらせて子供に恥をかかせてはいけません。特に、個人攻撃に繋がるような失敗は避けなくてはいけません。ただ、集団における合意形成で決めたこと、個人の意思決定で決めたことについては、子供の決定を尊重しやらせてみることが教師の大切な役割です。

　そして、失敗したときに、その失敗が次に生きるような手立てを講じてやることを忘れてはいけません。トライ&エラーの精神で、失敗を次に生かす逞しい子供を育てていきたいと思っています。

Ⅳ 学校経営と特別活動

1 学校教育目標が子供にも意識できている

学校経営を進める上で、もっとも大事なのは、学校教育目標の実現に向かって、学校全体が動いているかという点にあると思います。そのためには、まず、明確な学校教育目標が示されていること。次に、その目標が全職員、児童、保護者に共有され、それぞれが具体的な行動目標を立てていること。さらには、定期的に振り返り、評価を行い、次に繋げていくことが重要なポイントとなると考えます。

確かに、どこの学校も、教職員に対しては学校教育目標の共有化が図られ、業績評価等で学校教育目標と関連付けられた個々の教職員の目標が設定され、定期的な評価が行われています。しかしながら、子供が学校教育目標をきちんと理解し、子供自身が、学校教育目標を意識して活動している学校は意外と少ないのではないかと感じています。

学校生活の主体は子供たちにあります。「子供が主役の学校づくり」「子供中心の学校づくり」という言葉をよく聞きます。このことに異論を唱え、「学校生活の主体は教師にある」「教師中心の学校づくりを推し進めていく」と言われる校長先生は、あまりいらっしゃらないと思います。そうであるとするなら、子供自身が学校生活を自らつくっていく、子供が学校経営に参画していくことが学校経営を考える上で重要であることは言うまでもないことだと、私は感じています。

2 児童会活動を中核に据えた学校経営

そこで、私が取り組んでいるのは、児童会活動を学校経営の中核に据え、児童が学校教育目標を意識し、学校生活の問題点に気付き、話合い、解決策を考え、実践していくといった、児童による学校経営への参画です。

本校（熊本市立帯山西小学校）では、毎月1回、各委員長を集めての委員長会議というものを校長室で開いています。委員長会議の目的は2点あります。

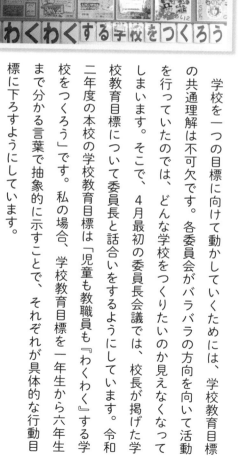

①各委員会が学校教育目標を理解し、意識した活動を行う。

学校を一つの目標に向けて動かしていくためには、学校教育目標の共通理解は不可欠です。各委員会がバラバラの方向を向いて活動を行っていたのでは、どんな学校をつくりたいのか見えなくなってしまいます。そこで、4月最初の委員長会議では、校長が掲げた学校教育目標について委員長と話合いをするようにしています。令和二年度の本校の学校教育目標は「児童も教職員も『わくわく』する学校をつくろう」です。私の場合、学校教育目標を一年生から六年生まで分かる言葉で抽象的に示すことで、それぞれが具体的な行動目標に下ろすようにしています。

この委員長会議では、学校生活の中で、「わくわく」するときとはどんなときなのか、「わくわく」することとは、どんなことなのかを子供たちが出し合い、委員会活動における「わくわく」のイメージを具体化し、共有するようにしてきました。その結果、先生から言われたことをするのではなくて、「自分たちから生活上の課題を見つけ、創意工夫をして解決策への取組をすること」「全校児童が笑顔になる取組をやっていくこと」の二つを委員会活動での行動目標に定めました。

その上で、それぞれの委員会が「わくわく」する学校をつくるために、どんな活動ができるのかを考え、委員会で話合い、活動計画を立て、取り組んでいきます。こうすることで、すべての委員会が学校教育目標の実現のために、それぞれの委員会の性質を生かしながら活動することになり、学校経営への参画を図ることができるようになりました。

②学校生活での諸問題を出し合い、各委員会での取組の調整、代表委員会での議題の決定を行う。

また、委員長会議の中では、学校教育目標に照らし合わせ、今現在の子供自身が捉える学校の問題を出し合うこともやっています。例えば、「まだまだ挨拶の声が小さく、できていない」「トイレのスリッパが並んでいない」「給食の残菜が多い」「異学年ともっと仲よく」などのことが出されます。これらの問題を代表委員会で取り上げるべき問題と各委員会で取組を考え、解決を図っていく問題に選別することも行っています。学校全体で話し合ってほしい問題については、企画委員会において提案理由をもとに議題化し、各クラスで話し合ってきて、代表委員会にかけることにしています。代表委員会で取り上げることができなかった問題については、関連する委員会に持ち帰りどのような取組をするのか話合い、取組内容を決定します。

このように、委員会や代表委員会が学校の問題を取り上げ、その解決に向かって自分たちで話合い、解決策を決め、実践していくことで、子供自身が自分たちの学校生活を自分たちでつくっているという自覚が生まれ、自治的な集団へと高まっていくことに繋っていきます。それこそが、児童による学校経営への参画だと思うのです。

V ＧＩＧＡスクール時代の特別活動

1 ピンチをチャンスに変える

Society5.0の時代に向けて、ＧＩＧＡスクール構想が本格化し、学校では一人1台タブレットが配付され授業の中でのＩＣＴ活用が盛んになってきています。特別活動においても、ＩＣＴを活用しての効果的な特別活動のやり方が求められるところです。

特別活動は、「なすことによって学ぶ」と言われるように、直接的な関わり合いを重要視する活動です。そのために、ＩＣＴを介した間接的な関わりや話合いといったものとはなじまない考えもあるかと思います。

実際、私自身も特別活動の醍醐味は、直接的な人と人との触れ合い、関わり合いの中にあると感じています。しかしながら、これからの社会を見通したときに、ＩＣＴを介した人と人とのコミュニティや人間関係の構築、社会参画、自己実現といったものは、必要不可欠になってくると予想されます。

令和二年度は、新型コロナウイルスに翻弄された年でした。４月からの臨時休校、休校明けからは、学校の新しい生活様式による３密の回避など、集団活動を特質とする特別活動においては、大きなピンチの年となりました。集団から個が分離されて、人と人との繋がりが断たれてしまう状況下において、集団での活動が制限され、学校行事も削減されていきました。従来どおりの活動ができない中で、どのようにすればよいのか、各学校では様々な工夫が凝らされました。

私の勤務校においても、このピンチをどのように乗り切っていくのか、職員みんなで考え、アイディアを出し合いました。そしてたどり着いたのが、ＩＣＴの活用でした。

2 休校中のICT活用

熊本市立帯山西小学校では、休校が決定した4月当初からICTを活用した学習機会の保障を模索していました。ただし、「わくわくする学校づくり」を学校教育目標に掲げる本校においては、子供たちが切り離された状態で単にICTを活用して学習教材を提供したり、学習の場を提供したりすることを考えてはいませんでした。

一番大切にしたことは、子

休校中、自分の力で生活や学びをつくりだす児童
視点1　学びのスイッチを入れる
視点2　児童同士がつながり学び合う
視点3　教師と児童が双方向にかかわる
視点4　教職員と連携し全学級で学びを継続させる

供と子供、担任と子供を繋げていくことで、「一人じゃないんだよ」「みんな一緒にいる」「先生も友だちもみんながあなたのことを思っている」というメッセージを伝えることにありました。そのためには、一方的な講義型の授業配信ではなく、子供たちがお互いの顔を見ながらやりとりのできる、対面での授業と変わらない授業スタイルにこだわりをもつことにしました。

時間割を配付し、オンラインでの授業の開始時刻を知らせ、子供たちは開始10分前からオンライン授業ソフト（オンライン会議アプリ）に入れるようにしました。オンライン授業に入ってきた子供には、担任が一人一人声かけを行い、担任と子供の関係をつくっていきました。また、子供同士も自由に話ができるようにしました。授業においても、ブレイクアウトルームの機能を使い、小グループに分け、課題に対してグループで話合い、考えるようにすることで、子供同士を繋ぐこともやっていきました。

さらには、学習支援アプリであるロイロノートを使い、課題を与え、子供が提出したものにはコメントを入れて再度本人に返却するなどのやりとりも容易にすることができました。

一方で、「帯西チャンネル」というYouTubeチャンネルを開設し、学習支援のための動画や家庭でできる体操、調理、先生からのメッセージなどの動画を作成し、配信を行いました。

これも、熊本市の小学校では初めてのことだったと思います。このようにして、子供と子供、担任と子供の関係をオンラインでつくっていくことで、学校再開後にスムーズに学校生活が始められるようにできました。離れていても、このような関係づくりができたのもＩＣＴによるものでした。

3 オンラインでの特別活動の実践

その中でも、本校の特徴的な活用としては、休校中にもＩＣＴを活用した学級会や委員会活動を行ったことにあります。

なぜ、学校生活を送れていない家庭にいる子供たちに、学級会や委員会活動を行う必要性があるのかと疑問に思う方もいらっしゃると思います。私は、

逆にこのように学校生活が送れないときだからこそ、集団を意識させることは大切だと感じました。

人は、長い間一人でいると集団の中に入るのがとても不安に感じられます。長期休業明けの9月に不登校児童が増えるのも、このような理由からではないでしょうか。「あなたは、一人ではなくて、ここに居場所がちゃんとあるんだよ」というメッセージを配信し、みんなでこれからの学校、学級生活を考えていくことが、学級、学校への所属感を高め、安心感を与えることになると思っています。

そこで、4月には、オンラインでの学級活動を行い、学級目標を話合いました。学級目標の作成については、前述したとおりですが、今回はオンラインで行うということで、学習支援アプリ「ロイロノート」を使いました。担任が期待する学級像や目指す子供像を話した上で、一人一人の子供は、学級にどんな期待をもっているのかを、ロイロノートに書き提出します。全員の思いが出そろったところで、それを見ながら分類整理していくつかのキーワードにまとめ、それを組み合わせることで、学級目標の原案となるものを作成しました。

最終的には、学校再開後、学級活動で再度、目標の共有と個人目標は立てていましたが、オンラインでもここまでできていれば、子供たちの学級に対する期待度や所属感を高めるこ

とができると感じたところでした。

また、高学年の児童においては、学校生活を意識させる目的でオンラインでの委員会活動へも取り組みました。目的は、学校への所属感を高めること、高学年としてのリーダーへの自覚、学校再開後のスムーズな委員会活動の開始と委員会活動への意識付けをすることでした。幸いなことに、六年生は所属の委員会と委員長は休校前に決まっていたので、委員長をオンラインで集めての委員長会議を行うことができました。

5月には、2回目の委員長会議をオンラインで行いました。4月の1回目の委員長会議では、学校教育目標の共有化を図ることを目的に行い、「わくわく」という言葉についてのイメージの共有をしていきました。その上で、自分の委員会では何ができそうなのかを考え、次回の委員長会議で提案してもらうことを課題として与えました。

5月に行った2回目の委員長会議では、それぞれの委員会で考えた提案を発表し、グループミーティングの中で意見交換することで大まかな年間での活動計画を作成しました。そして、これをもとにまだ委員会の所属が決まっていない五年生に向けて、自分の委員会の紹介プレゼンをつくり、全員にロイロノートで配付し、休校中に自分が活動してみたい委員会を決定しておくようにしました。このプレゼンを行ったことで、五年生は委員会に対する活動意欲が高まり、学校生活への期待度が高まったように感じました。

このように休校中であっても、ICTを活用することで、学校、学級と子供を繋ぐことができ、学級生活や学校生活を意識させることが可能となるのです。

4 学校の新しい生活様式における特別活動の実践

学校再開後は、これまでの学校生活とは一変し、3密を避ける、学校の新しい生活様式での生活となりました。これまで当たり前のように、全校児童が一堂に会して行っていた児童集会や学校行事などは実施が困難な状況になりました。自治体によっては、早々と学校行

事等の中止を決定したところもありました。幸いなことに、熊本市においては、「学校行事はできるだけ行う」という方針が示されましたので、各学校においては、行事の意義を改めて考えるよい機会にもなり、「どうやったらできるのか」という前向きな検討を行うことができました。

本校においては、児童と教職員が一緒になって、感染防止対策を第一に考え、児童集会や学校行事の目的を達する活動をどのように行っていくかという問題を創造的に話合い、解決を探りました。その結果、このピンチを救ってくれたのもICTの有効的な活用でした。

昨年度まで、毎週1回行っていた体育館での児童集会は、密を避けるために各教室で行うオンライン会議アプリを活用してのオンライン集会へと変わりました。集会の内容は児童自身が考え、いろんなスタイルで行いました。オンライン会議アプリでのオンラインと事前に収録したビデオを組み合わせたり、オンライン会議アプリを使って各教室を繋ぎ、感想交流を行ったりと、これまでにないスタイルの児童集会を各委員会で企画運営し、学校生活をより豊かに楽しいものにしていくことができました。

また、運動会や音楽会といった学校行事においても、保護者の参加人数が制限され、感染リスクを避けるために学校に来られなかったりする方のために、オンライン会議アプリでの生配信を行ったり、行事の様子を編集し、限定配信という形でYouTubeにて配信し、好きな時間に見ていただいて、公開する機会を増やしていきました。

さらには、クラブ活動において、プログラミングを中心に活動するタブレットクラブや自分たちで動画を撮り、編集し、一つの作品をつくりあげる動画作成クラブといった新しいクラブ活動も出来上がりました。クラブ発表会では、それぞれのクラブが自分たちの活動の様子を2分以内で映像としてまとめ、三年生へのクラブ紹介を行うことができました。1年間の活動の様子や子供たちのクラブ活動への感想なども上手にまとめられていて、対面で行うクラブ発表会とは、違ったよさを発見することができました。

このように、ICTを活用することで、「できない」を「できる」形にすることができ、新しいスタイルの特別活動の実践を広げることにも繋がりました。

○卒業式での取組

熊本市では、令和二年度の卒業式は、参列者は教職員、卒業生、保護者2名までと制限され、合唱、呼びかけといった大きな声を出すことが禁止されました。参列者も少ない中、合唱や呼びかけのない卒業式では、あまりに味気ないし、卒業生や在校生の思いや伝えたいことが伝わらない式になってしまいます。

そこで、取り組んだのが、熊本市教育センターの提案で始めた、一人一人が事前に広いところで歌った歌を集めて、それを合成し合唱曲として仕上げ、バックに思い出の写真などをスライドショーで流すという取組です。これまでは、対面でやっていたことがＩＣＴを活用することで可能になったのです。五年生は、体育館で参列することはできませんでしたが、各教室でオンライン会議アプリを通してオンラインで参加することができました。また、在校生からの呼びかけも、事前に個別に撮影したものを重ねて式で流すこともできました。

式では、その画像を見るだけですが、そこには一人一人の卒業に対する思いのこもった感動を呼ぶものとなりました。ＩＣＴだからこそできる人と人を繋ぐ取組は、これからもっと広がっていくのではないかと感じました。

5 話合いを効率化させるICTの活用

これまで紹介した実践以外にも、特別活動の実践におけるICTの活用は、様々に考えられます。ここでは、そのいくつかを紹介します。

○アンケート機能の活用

GoogleやMicrosoftなどでは、フォームというアンケート機能があります。これは、自動での集計機能も付いていますので、アンケートさえ答えてくれれば、集計作業は必要ありません。子供たちは、必要な情報を収集するために、このアンケート機能を使い、全児童に気軽にアンケートをとることができるのです。例えば、代表委員会の議題を集めるのに、「今の学校をよりよくするには、次のどのことにもっと力を入れればよいと思うか」というようなアンケートを全校児童に答えてもらい、学校生活の問題を洗い出すこともできます。

特に、学級活動⑵や⑶で学級の現状や個人の状況を知るための意識アンケートをリアルタイムにとったり、子供に問題提起のための資料を整理、配付したりするにはとても効果的です。一人1台タブレットがあることで、いつでも気軽にこのようなことができます。

○一人一人の思考を視覚化することでの活用

学級会での話合いでよく問題になるのは、一部の発言力のある子の意見に全体が流されて、発言が苦手な子や個の意見が取り上げられないといったことがあります。学級には、積極的に自分の意見を出せない子もいます。そのような子にとっても、自分の意見をカードに書いて提出することは容易にできます。意見によってカードの色を決めて提出させると、学級全体での意見の傾向も視覚的に見ることができるし、個々の意見も取り上げることができます。また、途中で友だちの意見などで、自分の意見が変わった場合なども、カードを出し直すことで、リアルタイムでそれぞれの思考の変化も見ることができます。このような思考を視覚化することで、一人一人の話合いへの参加意識が高まり、より深い話合いができる可能性があります。

○意見、思考の整理のための活用

たくさんの意見が出て、話合いがいろいろな方向にいきそうなときには、出た意見を整理することで、話合いを焦点化させることができます。そのようなときには、ＩＣＴを活用し、思考ツールにて整理していくと便利です。

例えば、たくさん出た意見を、いくつかのカテゴリーに分け、分類していくといったことです。タブレット上で、出た意見をカードにしておくことで容易に分類・整理することができます。また、意見を比べ合うときには、提案理由に書いてある視点を2軸にして、出た意見をその視点に沿ってどの意見がよりよいものなのか、タブレット上で操作しながらみんなで考えていくこともできます。

もちろん、黒板上でもできるのですが、一人一人が、自分のタブレットで操作しながら考えることで、より自分の考えを整理、深めることができます。一斉で考えるのではなく、個別に思考を深めるには、タブレットは最適なものです。

○活動記録の保存

タブレットなどの機器のよいところの一つには、保存ができることがあります。学級会ノートや振り返りといった、これまで紙で保存していたものをデータとして保存できるだけでなく、気軽に写真や動画で活動の様子を保存することもできます。このことで、より鮮明に活動を振り返ることができ、次の話合いや活動をするときに生かすことができるようになります。

ICTの強みは個別最適な学びです。しかし、個別最適化だけでは、人が社会の中で生活していくのは困難でしょう。そこには、必ず協働的な学びや活動を伴わなければなりません。これからの社会では、テレワークに代表されるように、一斉に会社に集まって仕事をする時代ではなくなるかもしれません。しかし、あるプロジェクトを成功させるには、各々の意見を出し合い、多様性の中で協働してよりよいものを創造していくことが必要不可欠であることには間違いありません。

GIGAスクールが本格化する中で、ICTを活用した生活づくりは、これまでにない特別活動の可能性を広げていくことに繋がるでしょうし、これからの社会を生き抜く子供たちを育てる上で、重要なことの一つだと感じています。

1 コロナ禍の中で学校行事を考える

1 パンデミックに振り回された学校行事

令和二年3月、本校をはじめ全国で多くの学校がいきなり休校となってしまいました。新型コロナウイルス感染症（以下、コロナ禍）が学校を直撃してきたのです。

世界中でパンデミックとなり、すべての生活が今までどおりにできなくなってしまいました。壊れたものもありますが、新しく生まれたものもあります。いずれにしても長くつくりあげられてきた人々の生活は、一瞬にして新しい生活様式に変貌したのです。

コロナ禍のために命を落としたたくさんの人々がいるのは事実であり、つらい時代の幕開けとなりました。

しかし、どのような中でも私たちは生きていかなくてはなりません。教育に携わる者として、教育基本法の掲げる教育の目的「人格の完成」と「平和で民主的な国家社会の形成者の育成」を止めるわけにはいかないのです。「学びの保障」として、それは国を挙げての取組だからです。

ところが、「学びの保障」はまさに教科の履修にのみ向けられました。学校教育の中の目に見える成果だけ（知識量と教えたという事実）を重視する取組となってしまいました。命がかかっているから仕方がないというのは分かります。我々教育者はとりあえずコロナ禍の終息を願い、教科中心の通信教育のような教育活動にシフトせざるを得ませんでした。仕方がありません。そうして6月に学校が再開するまでは、プリントを配ったり、慣れないオンラインで何とか繋がったりと試行錯誤の毎日となりました。これもまた仕方がありませんでした。

仕方がないという言葉に抵抗することもできず、学校行事は削減・縮小の一途をたどることとなってしまいました。

しかし、全国には、できないからやらない、無理だからあきらめると素直に思えない、あきらめの悪い素敵な教師がたくさんいました。そんな彼らの奮闘ぶりを伝えたいと思います。そして、同じようにコロナ禍の中で教育活動を進めているすべての仲間の励ましになれば幸いです。

2 どうしても学校行事が必要

初めに言っておきます。学校行事は思い出づくりのためのものでも、気晴らしのためでも、お楽しみのためでも、保護者サービスのためでもありません。もちろんそれらの要素を含むことは当然です。しかし、すべての学校行事に共通することは、自分のよさを発揮することと、役割を担うことの価値を実感することなのです。そのことが教育基本法に謳われている「人格の完成」と「社会の形成者の育成」の達成に直結しているのです。学校行事での学びは、教科教育の次に時間があったら取り組むという程度のものではないということをしっかりと分かっていてこそ、教育のプロです。

コロナ禍の中で学校教育をやり直してほしいという声が高校生たちから上がりました。学校を9月始まりにして、初めから学校生活をやらせてほしいという声です。その中には、教科の指導を十分に受けられないからということ以上に、友だちと体験するはずだった修学旅行や体育祭、文化祭などの学校行事をやりたいという思いが語られていました。学校行事が子供たちの成長に欠かせない大きな教育活動であることを子供たち自身が叫んでいたのです。

現在、学校行事は特別活動の中に含まれています。特別活動の中で主体的な姿に育てる上で、学校行事は大変効果的だからです。

学校行事は教師主導型の指導の中で、子供たちに任せて、子供たちの力で実施していくことに価値があります。

学校行事は、社会の中で役割を果たしていくことの縮図といえます。大人も本気で取り組み、保護者も地域も大きく期待するという学校行事のダイナミックな教育活動で、子供たちはそれぞれに、体験を通して様々な思いを体験します。だからこそ一生の思い出になるのです。

私たちは教育に関わる者として、学校行事のもつ力の大きさを正しく理解し活用して、子供たちが高く飛躍する教育活動を実施していかなくてはなりません。

3 何のために学校行事をするのか

「何のために行うのか」という命題は学校行事に限らず、学校教育のすべての基本の問いです。教育基本法の第1条（教育の目的）を読み直してみましょう。丁寧に書いてある言葉をまとめていくと、そこには「人格の完成」と「国家社会の形成者の育成」が現れてきます。そして、特別活動は常に「社会の形成者」としての見方・考え方で体験活動を通して学ばせていく教育活動なのです。まさに教育基本法に直結する教育活動といえます。

その中でも、学校行事は子供たちの生活にリズムと潤いを与えて、成長のための機会にもなるものです。一つの学校行事が子供の心に灯をともし、人生を変えることさえある、大きく価値のある教育活動なのです。

私の所属している「全国小学校学校行事研究会」は、50年以上の歴史があります。しかし、その中で脈々と引き継がれてきた学校行事の意義が、最近の教育現場に、しっかりと伝わってきていない危機感を感じています。昨年度と同様の学校行事の提案に、日付と担当者の名前を変えただけのものがなんと多いことでしょう。それでも実施することはできるのです。見た目は同じようにつくれることから、学校行事の形骸化が進んでしまっていることを大変残念に思います。

形骸化というのはとても恐ろしいことで、中身がないのに形だけが残っている学校行事を教育活動とは呼べません。子供たちに学びを残せないのなら、時間の無駄ともいえます。

子供たちの学びがもっとも深くなるように、そのときに集まった指導者たちが自分の得意分野や経験を生かして工夫しながらつくりあげていくことが必要なのです。

しかし現在、自分たちならではの工夫を加えた学校行事を期待することは、教師の働き方改革に逆行することのように捉えられます。考えないこと、決まったとおりに行うことをよしとする教師はいないと信じていますが、実際にはマニュアルや他校のうまくいった事例をそのままコピーすることが多いようです。しかし、機械の操作と教育は違います。マニュアルどおりの指導をして同じ結果が出るというはずはないのです。その中でどのような工夫をしたらよいのかを考えてオリジナルをつくっていくことが、プロの教師といえるのではないでしょうか。

4 カリキュラム・マネジメントと学校行事

学校行事は各教科の集大成として活用することができます。各教科で学んだことを社会の中で生かすという場面と同様のことができるのが学校行事なのです。

学校行事は社会との接点をつくります。このように社会との関わりをもつ学校行事を教科や総合的な学習の時間とコラボレーションさせることで、机上の学習を、生き生きとした教育活動に繋げていくこともできます。

同時に、学校行事には「ハレの日」という意識を伴います。人生の中の「ハレの日（特別な日）」は毎日繰り返される「ケの日（普通の日）」の生き方の結果です。学校行事も、教科等で学んだことの単なる発表会ではなく、その中に厳粛な感じや凛とした空気感をつくり、学校生活での成長の確かな節目にしていくということができるのです。

目的を教師も子供たちも共有して、わくわくしながら学校行事に取り組ませていくこと、実践の中で自分の役割をしっかりこなして自己有用感を高めること、みんなで同じものを見て同じ体験をすることで感情を共有し所属感を高めること、活動を振り返って自分の成長を確かめること、そのような教育活動を丁寧に行い、キャリア・パスポートにまとめていきましょう。それを何年も積み重ねることで、自分の生きてきたことや頑張ってきたことに自信をもって、自らの人生を開拓していける人間に育っていくのです。

自らの人生を切り拓き、持続可能な社会をつくっていける資質と意欲を育てることこそが教育の目的であり、学校行事の目的でもあるのです。

5 学校行事で伸ばしたい力

平成二十九年告示の学習指導要領からは、すべての子供に育成すべき「資質・能力の三つの柱」が示されています。

三つの柱とは、一つ目が「知識・技能の習得」、二つ目が「思考力、判断力、表現力等の育成」、三つ目が「学びに向かう力、人間性等の涵養」です。三つ目の力は、一つ目と二つ目を生かして、どのように社会と関わり、よりよく人生を生きるかを学ぶための資質・能力です。つまり学びに向かう力は、教育基本法に謳われている教育の目標の「人格の完成」と「国家社会の形成者の育成」に向けた最終ゴールといえます。

そしてこの三つ目の力のことを、「社会情動的スキル」とか「非認知能力」ともいいます。

社会情動的スキル（OECD2015を参考にしている）

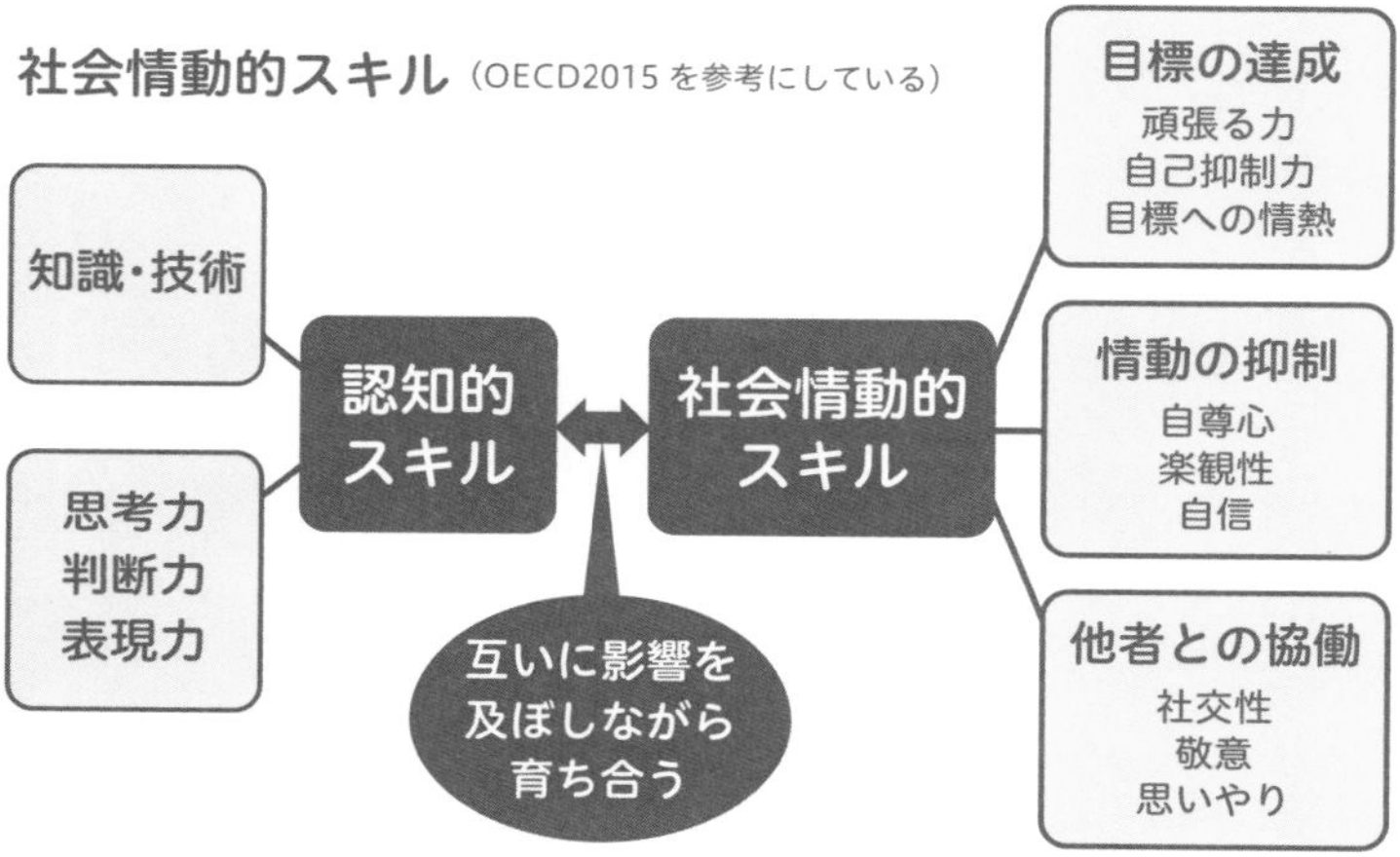

これは感情のコントロール、他者との協働、目的の達成などに役立つ力です。これに対して「認知スキル」は、知識や思考力などを指します。

学校行事で育てている資質・能力はまさにこの三つ目の力である「社会情動的スキル」なのです。

「社会情動的スキル」は「情動の抑制」「他者との協働」「目標の達成」の三つにまとめられます。それぞれに具体的な要素をもっており「情動の抑制」には自尊心・楽観性・自信の要素が、「他者との協働」には社交性・敬意・思いやりの要素が、「目標の達成」には頑張る力・自己抑制力・目標への情熱の要素があります。これらが互いに影響を及ぼし合いながら育っていくのです。

「社会情動的スキル」は、遊びを通して身に付くといわれています。それもただの遊びではありません。子供自身が熱心に取り組み、うまくいかないときでも工夫して取り組もうとするような遊びの環境下で、大人の適切な管理下における、子供たちの自由な体験活動が必要ということです。

となると、まさに教師主導でつくられ、子供たちの自主的な活動を保障する学校行事はその要件を満たしています。

学校行事が、すべての子供に育てるべき資質・能力の三つ目の力「学びに向かう力、人間性等の涵養」に大きく関わるといえるのです。

II コロナ禍の中での学校行事の具体的な取組

さて、ここからは実際にコロナ禍の中でどのように工夫しながら学校行事を行ったかをお話しします。もちろん地区によっては「全くできなかった」というところもあるでしょう。けれども、この先もポストコロナとして新しい生活様式を取り入れた学校行事は続くことになると思います。今回の取組が、この先の参考になれば嬉しい限りです。

改めて確認しておきましょう。

学校行事には、⑴儀式的行事、⑵文化的行事、⑶健康安全・体育的行事、⑷遠足・集団宿泊的行事、⑸勤労生産・奉仕的行事の5種類の行事があります。そのすべての行事をすべての学年で実施しなくてはならないということを自覚していますか。さらに、学校行事の中で異年齢交流活動を生かした教育活動をして、子供たちに多くの学びを与えなければならないの

です。

おそらく、ほとんどの教師はそんなことを考えたことがないかと思います。学校で行われている多くの活動の何が学校行事なのかさえも知らずに行っている教師もいるのではないでしょうか。

たとえそんなことを知らなかったとしても、実際に学校行事を実施するだけならば、手順と自分の担当する役割が分かっていれば、形だけはこなせてしまうのです。だから、深く考えずに形だけをこなしている教師が多いのも仕方がないことです。その程度の学校行事を行ってきたから、コロナ禍の中で、学校行事が削られることに大きな疑問を抱かなかったり、「思い出がつくれなくてかわいそう」などという浅い意見が出たりするのだと残念に思っています。

保護者の中には、教育活動に対して「もしコロナにかかったら、どうするのですか!」と言ってくる人もいます。そんなときは「医者に行って適切な処置を受けてください。子供が重篤化する例はほとんどありません。それよりも、社会性を学ぶ機会を失うことのほうが問題です。塾でも家庭教師でも教えることができない大事な生きる力ですから」と胸を張って答えるくらいの気概がほしいものです。

日本の中で小学校の子供の感染者が少ないことを思えば、他の施設に比べて小学校は優良な組織といえるでしょう。

例えば、行政が止めたなら仕方がありません。我々は公務員です。また、科学的根拠があって止めるなら仕方がありません。我々には分からないことですから。しかし保護者が文句を言うから学校行事を中止するというのは、私としてはプロ教育者としての踏ん張りが足りないと思います。保護者にはいろいろな考え方があります。「コロナなんて噂で、実在しない、マスクなんて必要ない」と言い切る極端な保護者もいました。声の大きな保護者に学校の教育課程の内容にまで踏み込まれてはいけないのです。こんなことを言うとまた多くのバッシングが聞こえそうですが、学校行事を愛し、学校行事を通して子供が成長する姿を何度も見て、その研究を行ってきた者として言わざるを得ないことです。

児童会活動・クラブ活動・学校行事は、それぞれの目標やねらいが十分に達成できるようによく検討した上で、年間、学期ごと、月ごとなどに適切な授業時数を充てることになっています。つまり目的やねらいの理解によって必要な時数は学校ごとに異なるということです。

本校は年間70時間を学校行事として充てていますが、コロナ禍の中で学校行事は60時間程度になりました。総授業時数が極端に減って、他の教科も削ったのだからそれは仕方がないことです。

しかし、多くの学校で教科の指導時数を確保するために、学校行事の時数を思い切り削ることになったのは残念です。

そのような中、時間が少なくなり、制限が多くなっても、何とか学校行事をつくりあげていくことで、それぞれの行事で本当に必要なものと、そうでないものが見えてきました。また形を変えれば、同程度の成果を見ることができるということも分かりました。

多くの前向きな学校の取組から、それぞれの学校行事について考えてみたいと思います。

1 儀式的行事

卒業式・入学式・始業式・修了式などに代表される「儀式的行事」では、特にそのハレの日の役割は大きいものです。生きていく上の人生の区切りを体験し、その中で新しい自分に出会っていくことの価値を学んでいくのです。子供たちにとって、この先新しい生活、新しい自分が待っていることへの期待は、生きるエネルギーになります。儀式的行事の中で集団がつくりだす特別な雰囲気は、厳粛であったり、清廉であったりと、日常では味わえないものが多く、その非日常をつくりだせること自体が学校行事の力なのです。そこに集うみんなが大事に思う価値を、自分も大事にしていこうという気持ちをもつようになります。

日本には昔から伝わる儀式的な行事がいくつもあり、それを大切にすることで日本人としての矜持を身に付けているといえるでしょう。

教師自身も自分がその空間をつくっていることを自覚して、服装や立ち居振る舞い、言葉遣いなどの手本を見せていくことで、教師自身が生きた教材となるのです。

卒業式や入学式に普段着慣れない着物やスーツを身に着けて、子供たちの前に立つと冷やかす子供や感心する子供がいます。「いつもと違う」何か特別な一日が始まるということを言葉ではなく態度で教えているのです。「大事な式だからきちんとしなさい」と100回言うよりも、きちんとした服装で真剣な表情を見せることのほうが、大事な時間であることを確かに子供たちに伝えることができるのです。

そう考えると、大事な卒業式に「服装は華美にならないほうがよいので、いつもどおりでいいのです」という考え方は間違っていると思います。いつもと同じ服装であっても、きちんと洗濯をしてアイロンをかけてある、髪をとかしてくる、など手を入れる方法はあるのです。保護者にもそのように伝えておくとよいでしょう。大切な儀式をつくっていくのですから。

○コロナ対応のいろいろな卒業式

令和元年度の卒業式は、今までのような儀式はできませんでした。時間短縮・3密を避けるという条件が加わる中、教師は必死で、何とか従来のものに近づけられないか考えました。この頃はコロナウイルス感染症がどのような病気なのかがはっきりしない上に、有名な芸人がコロナにかかって死亡したニュースが出回り、自殺者も出る等、訳も分からず日本中がとても恐れていました。

自宅からオンラインで参加する形の学校がありました。家の中で買ったばかりの洋服を着てパソコンの前に立っていた子供たちは、友だちと手を取り合って涙することもできませんでした。すべての家庭にパソコンとインターネット環境があるわけではなく、携帯電話での小さな画面での参加もあったことでしょう。

登校はしたものの、教室でモニター越しに校長式辞を聞いた学校もありました。みんなの前で卒業証書を堂々と受け取ることができませんでした。とにかく卒業式を実施することが精いっぱいだったことを覚えています。

教師たちの創意工夫の下、形はどうあれすべての学校で卒業式は行われました。何とか実施することが精いっぱいで、教育的効果までは考える余裕はありませんでした。

しかし、問題はそこでした。卒業式・入学式・離任式・始業式・終業式・全校朝会・周年行事とたくさんの儀式的行事はありますが、実施することだけに意味があるわけではないことは先に述べたとおりです。「何のために儀式的行事を行うか」。この儀式の体験を通して子供たちに何を感じさせて、何を学ばせようとしているのか、指導者側に確かなねらいが必要なのです。そしてそのねらいを子供たちに伝えて、大人も子供もねらいを共有することが大切なのです。

卒業式は、六年間の小学校生活の節目としての儀式です。子供たちにはその目的を、小学校生活に区切りをもつことで、自分たちの成長を振り返って成長を自覚すること、保護者や教職員、そして友だちや後輩など、楽しい日々を支えてくれた人たちへ感謝の気持ちを伝えること、そして、中学校での新しい生活に向けての意欲を高めていくこととしてつかませていきます。

同時に儀式としての厳粛な雰囲気を味わい、その中であるべき行動の仕方を肌で感じることで学ばせていきます。堅苦しい時間を好む子供は少ないかもしれませんが、大人たちが本気になって儀式を進めていく姿を通して、どの子も襟を正して行動することの価値を知るのです。当然終わったときの解放感は、やりきったという充実感に繋がり、儀式のすがすがしさを体験することができるのです。

しかし、突然の休校でその指導の時間がなく、子供たちの意識を高めていくことができませんでした。その中での卒業式では、卒業証書をもらえば卒業には違いないのですが、実にもったいない時間になってしまったことは事実です。オンラインなどで精いっぱいのことをしたつもりではありますが…。卒業していった子供たちに、その結果がどのように影響したかまでは分かりません。たった一度の卒業式で、大きく変わることもないかもしれません。しかし、たった一度の卒業式で心が大きく揺れる体験ができなかったというのは事実なのです。一つの成長のチャンスが失われてしまいました。

人間の社会の中で、大切な時間をお互いに大事に扱うことの価値を学ぶ時間でもありました。そのことを理解しないまま大人になると、荒れる成人式と揶揄されるような恥ずかしい状態になってしまいます。破壊することでしか自己実現の形を学べなかった一部の気の毒な者が行っているだけの恥ずべき行為ではありますが、成人式を大事に思っている多くの他の人の気持ちを理解できない人間が育ってしまうことは、義務教育として残念なことです。ただし、これはニュースになるような特別なことですから、日本の国ではおおよそきちんとした指導が行われているといえます。

コラム

【卒業式での異年齢交流の学び】前の年の学びが次の年に繋がる

コロナ禍の中での卒業式に多くの学校は在校生を参列させないという選択をしました。本校もその一つです。

卒業式の中で、在校生は六年生を祝福するとともに、その堂々とした姿にあこがれをもち、これから来る自分の生活への希望や意欲を高めることを目指します。特に五年生にとっては最高学年に向けての心構えを学ぶ場にもなるのです。

卒業式当日だけでなく、そこまでの一連の取組の中でも子供たちは成長していきます。どの学年も「卒業プロジェクト」として3学期に入る頃から取り組みだすことになるでしょう。六年生が在校生に残していくものは何か、自分たちが学んだことを形にするものは何か、関わってくれた人たちへ感謝の気持ちをどのように伝えていくのか、学級会で話し合ったり、キャリア・パスポートをまとめたりして、卒業式当日まで一つ一つ積み重ねていきます。

式に参列する在校生もまた、卒業式の練習段階から六年生の姿を見ることになり

ます。自分たちが一年生の頃から一緒に過ごしていた六年生の凛とした姿は、どんな言葉よりも卒業式が大切な時間であることを伝えることができます。五年生には「卒業式をつくるのは君たちだ」と指導していきます。形を見ただけなら、そこに座っているだけの時間に思えるものであっても、今自分が姿勢を正しく座ることが卒業生の大切な儀式を守っているという自覚があれば、それは五年生から六年生へのすばらしい贈り物なのです。

かつて卒業式で五年生からのはなむけの言葉の中に、「今日の僕たちの姿勢はどうですか。私たちの歌声はどうですか。六年生のために精いっぱいの姿を贈ります」というものがありました。式にきちんと参列して、すがすがしい空気感をつくるのは五年生の最高の役割なのです。そこをきちんと理解していない教師は、じっと座っていることをつらがる五年生に「心の中は自由だから、他のことを考えてじっとしていなさい」などとピントの外れた指導をしてしまいます。その言葉は、儀式を我慢するだけの堅苦しいものという間違った価値観を子供たちに指導していることになります。教育者として学校行事の意味を間違って教えていることになるのです。おそらく教師自身も気が付いていないのだと思いますが、そのようなピントの外れた指導は、「堅苦しい古くさいものなら壊してしまえ」とばかりに、成人式を荒らす20歳が生まれる原因にもなりかねません。形だけを追いかける形骸化した儀式の在り方を教えている教師を見て、とても残念に思いました。みなさん自身はどうでしょうか。

自分たちの役割を自覚している子供たちは決して退屈などしません。必死で役割を果たすことを誇りに思うのです。そしてその役割を互いに理解し合い、教師も評価することを分かっているのです。全員に同じ価値観が定着しているということです。

さらに、自分たちも1年前にその経験をしてきた六年生には、その五年生の思いがしっかりと伝わります。五年生から「自分たちは六年生のために、精いっぱいきちんとした姿や歌声を贈る」という言葉が体育館に響いたときに、六年生からワッと涙があふれたことを忘れられません。前の年の学びが次の年に繋っているのです。当然この五年生は来年度卒業生の席で、自分たちのために頑張ってくれている在校生の気持ちを思い感謝するときが来るのです。

だからこそ、在校生の参加は卒業式には欠かすことのできないものだと私は考えています。卒業式は六年生の学びのための時間だけではなく、後輩のための時間でもあるのです。

コロナ禍の中で、多くの学校が在校生の参列を止めました。その結果は次の卒業式の価値を必ず下げます。全教師がその危機を受け止めて、十分に卒業式の価値を伝えていかなくてはなりません。しかしどんなに言葉を尽くしても、その場の空気感で学ぶ体験のなかった子供たちに伝えるのは至難の業でしょう。今年の六年生も参列する五年生も卒業式を見たことがないのですから。また今年から、こつこつと積み上げていかなくてはなりません。とはいえコロナ禍の中で卒業式を迎える子供たちは、かわいそうの一言で済ませるわけではありません。他の時代の卒業生はできなかった体験ですから、必ず何か別のものを学んでいるはずです。それが何であるかは今の段階では分かりませんが、大人が本気でつくりあげる体験は子供たちに必ず学びを与えることができると信じています。

マニュアルの無いコロナ禍の中での儀式を計画するのは、どこまで本気で子供たちのために価値のある学びをつくるかを考える教師の醍醐味です。

卒業式の意義は一言では語れません。ただ、卒業式は六年生だけのものではなく、まさに全校で取り組む学校行事だということです。それぞれの学年の発達段階に応じて卒業式の価値をすべての学級担任が繰り返し指導しているからこそ、小学校生活最高の儀式として卒業式があるのです。

○入学式

入学式は、4月の風が強い日に外で行っていた学校がありました。前日の日曜日にいきなり校長から呼び出しを受けた教師たちが校庭へ椅子を並べていました。校長もぎりぎりまで体育館で行うか、校庭で行うか悩んでいたのでしょう。

全員一緒ではなく、時差をつくって少人数ずつ行った学校もありました。同じ学校に入学

した友だちの顔を見ることなく過ごした入学式です。1か月後に延期した学校もありました。初夏並みの暑さの中で、春用の新しい服で暑そうに参加する子供もいました。

入学式にも二年生や六年生などの参列はかないませんでした。二年生のかわいらしい歓迎の歌や言葉は、1年後にそこに立つであろう我が子の成長を保護者に想像させることができます。今目の前で足をぶらぶらさせている我が子が、1年後にはこんなにしっかりするのかと学校教育に期待をもつのです。それは学校と保護者が最初に子供を真ん中において協力体制を組む日にふさわしいことなのです。さらに、六年生の代表児童の大人顔負けの歓迎の言葉を聞いて、6年後にはここまで育つのかと驚きをもつことになります。

六年生自身も堂々と参列して国歌や校歌を歌い、入学式をつくりあげることで、拍手を受ける等、会場の雰囲気が自分たちを尊敬していることを肌で感じて最高学年としての自覚をもつ機会になるのです。

今年度、二年生は入学式で発表するハレの日を迎えることができませんでした。何となく一年生のままの進級になりました。六年生も同様で、最高学年として覚悟を決める機会がありませんでした。その後の一年生のお世話の機会も少なく、「触らない」「近寄らない」ということになってしまったことは、のちのちの彼らの成長に大きく影響しました。

○離任式

コロナ禍のために、離任式にお客様をお呼びしませんでした。

前の担任の姿を久しぶりに見て、懐かしがったり、照れたりしながら舞台の上の教師の話を聞くことや、学級の代表として教師との思い出や今の自分たちの様子などを伝えること、花束を渡すこと、心を込めて歌を歌うことなどができませんでした。離任した教師としても、壇上から教え子たちの姿を見て話をしたり、校歌を聞いたりして涙を流すこともありませんでした。

学校行事の大きな役割としての区切りをつけるということができないことで、一緒に過ごした時間を思い出して素敵な思い出にする時間をつくれなかったのです。心の思いは言葉にして初めて自覚になります。そして鮮明な思い出となるのです。区切りがないうちはバラバラな事実でしかありません。離任式はとても大事な儀式なのです。

本校は、ビデオメッセージをお願いしました。会場に大きく懐かしい教師の顔が映し出されると子供たちは、ワーッと盛り上がり涙を流す子もいました。その姿を本人に見せてやりたかったなと思いました。その頃はまだオンラインも定着していなかったので申し訳ない気持ちでいっぱいです。

この先また集まれないことがあったとしたら、そのときはリアルタイムのオンラインで繋いでお互いの顔を見せたいと思います。

それでも、実際に会うことに比べたら効果は少ないでしょうがないよりはよいでしょう。

学校行事には全く関係ないことですが、離任式とセットで行われることの多い、教職員の歓送迎会もできなかったために、教師同士の別れができなかったことも残念です。もちろん色紙などを書いてプレゼントも用意しましたが送るのと手渡すのとでは雲泥の差です。喜ぶ人の顔は、喜ばせた者へのプレゼントになるのです。互いに喜ばせ合うから人間関係が円滑になっていくのです。

また、4月から異動してきた職員とプライベートを理解し合いながら仲よくなる機会もありませんでした。このことは新しく仲間に入った者にとっては不安なスタートだったと思います。仕事を離れてお酒などを介して、ゲームをしたり、おしゃべりをしたりするなど職場では見られない意外な様子を見ることは、人を近づける効果があります。お酒で繋がることは必要ないと考える人もいますが、やはり古来から世界中で続けられているお酒を介する儀式にはそれなりに価値があるものだと私は思っています。

2 文化的行事

文化的学校行事の内容を指導する中でも、知識・技能を理解し身に付けて、思考力・判断力・表現力を鍛えていくことは同じです。そしてみんなと一緒に成し遂げた達成感で次への意欲を高めていくのです。それが学びに向かう力であり、人間性の涵養に繋がるのです。

コロナ禍の中で文化的行事もあおりを受けました。特に学芸会や音楽会などの舞台型発表会、鑑賞教室・芸術教室などの芸術に触れる体験は、実施が困難だったことでしょう。とはいえ、舞台型の行事は保護者も大変楽しみにしているものであり、子供たちが自分のよさを輝かせたり、みんなでつくりあげる体験をしたり、夢のような感動を共有したりする、日常の生活ではできない大切な体験活動です。

多くの学校で、コロナ禍の中の文化的行事の工夫に知恵を絞っていました。どこも基本は密を避けるということです。

そのためには、オンラインにしたり、時差をつけたり、会場を分けたりということになります。いくつかの例を示しましょう。

○舞台型行事（学芸会・音楽会・学習発表会等）

舞台型は保護者に人気があり、六年生の劇が見たいという保護者が多いものです。しかし音楽会・学芸会・展覧会を3ローテーションにしている学校や、舞台型・展示型を2ローテーションにしている学校が多く、必ずしも六年生で演劇に当たるとは限らないという課題があります。

そこで、前任校の八王子市立弐分方小学校では、毎年、音楽と演劇と展示をすべて行うという大胆な取組を考えました。学校行事名を「弐分方フェスティバル」として従来の形との違いを示し、一、三、五年生は特別教室を活用して図画工作と家庭科の作品を校内に展示する。二、四、六年生は体育館の舞台で発表を行うというものです。

コロナ禍の対策としては、事前に動画を録画して公開するという形をつくりました。もちろんパスワードをかけて学校ホームページから入れるようにしました。

練習中も子供たちの密を避け、短時間の準備と練習で発表できる内容にするために、カリキュラム・マネジメントで国語科とコラボして、二年生は「かさこじぞう」、四年生は「ごんぎつね」と教科書から題材をとり、場面ごとに分かれて練習をして録画をしました。録画というのは一発勝負ではないので短時間の練習でこなせるのだろうと思います。

学習発表会の要素も取り入れた上に劇として子供たちの工夫を取り入れながらつくりあげていきました。カリキュラム・マネジメントとして取り組んだことで時間的な余裕も生まれました。場面ごとの録画であることで指導時間の短縮も実現し、教科としての理解も深めることができたことを思うと、コロナ禍の中で十分に教育的効果をねらうことができたのではないかと思います。

六年生は、自分たちで伝えたい思いを表現するために歌づくりを選びました。音楽会の要素です。たくさんの制約の中で、それでも自分たちの思いをたくさんの人たちに伝えたいという思いで、子供たちは何度も話合い、伝えたい言葉を歌にする課題に取り組みました。もちろん子供たちだけで歌をつくることは困難です。そこで地域で活動していて、今までに学習にも関わってくださっていた音楽ユニットの方々にお願いして、子供たちの言葉を素敵な言葉に仕上げてもらいました。自分たちの歌「未来へ」が完成したのです。

子供たちはその歌を受け取り、自分たちで歌い方を工夫して練習し、精いっぱいの気持ちを込めて歌い上げました。自分たちだけではできないことも、地域の力を借りることで大きなことが実現します、学校教育は校内の人材だけで指導するとは限りません。学校を開き、地域の協力を得て教育活動を進め、それをまた地域に発信することができるのも学校行事の強みといえます。

この新しい形の取組は、子供たちの心にどれほど大きな自信を育てたことでしょう。友だちと一緒につくりあげ、表現するすばらしさはまさに学校行事が目指す、共感を味わう体験になりました。この先この歌は子供たちの一生の宝として歌われていくことでしょう。

鑑賞は動画になってしまいましたが、保護者からも「動画だったので好きな時間に見ることができた」「子供と一緒に感想を言いながら見ることができた」「他の学年の作品も見られてよかった」など肯定的な声を聞くことができました。しっかりと工夫すれば、十分学校行事を生かした教育活動をつくることができるというすばらしい実践です。

コラム

【文化的行事の異年齢交流活動】感想をリアルでメッセージを伝え合う

子供たちは教室でオンラインでの鑑賞になりました。密になる心配もないし、寒い体育館で過ごす必要もありません。オンラインのよさをしっかりと生かしているど思います。どの学級でも真剣に見て拍手を送っており、教室で見たために、それぞれの作品にゆっくりと感想を書きメッセージとして伝え合うことができました。

コロナ禍の中でも、心の距離をしっかりと近づけることができた学校行事といえます。

○展示型行事（展覧会・作品展）

展示型の発表会は、集まらないために、すべてオンラインにする学校がありました。事前に子供の作品を写真に撮って並べ発表する方法です。オンラインのよさは、集まらないということが一番ですが、一つ一つの作品がよく見えるという利点もあります。他の学年の作品

もじっくりと見ることができるし、自由な時間に見ることができるという利点もありました。

半面、広く公開するとなると名前を載せられず、だれの作品か分からないという点では自己実現のチャンスを奪うことになると思います。さらに、すべての子供の作品が集まってつくりだすという効果も薄くなってしまいます。展示型の文化的行事は、会場そのものが一つの作品として感動をつくりだすものです。

本校（八王子市立浅川小学校）の展覧会は、体育館展示で行いました。コロナ対策としては、参観者を学年によって時間指定をすることで混雑を避けました。会場が混むことが予想されたときは、受付で入場制限をかけるという段取りをつくっていました。実際は時間指定が功を奏して、一度も混雑することはありませんでした。

展示会場の中に足を踏み入れるとそこは別世界です。天井に全校児童が縦割り班ごとにつくった鯉のぼりが泳ぎながら、中央を目指して登っていきます。その中央からは真下に滝のように染めた紙が下がっており、その下にはグランドピアノが置かれています。展覧会会場の真ん中にグランドピアノを置くというのはおしゃれな会場構成です。

床には子供たちの作品がテーマごとに展示され、その中を六年生のつくった椅子が龍の頭を先頭に並べてありました。椅子の背もたれは龍の背びれのように見えました。椅子は耐久性を考えてつくってあり自由に座ることができて、鑑賞中に座っている人もいました。

BGMとして、常に子供たちの合唱による歌声が流れていて、子供のきれいな声に包まれながら作品を見ていると、どの子も一生懸命に作品をつくり、自己表現をしていることに感動を覚えます。

休み時間には会場中央のグランドピアノで、六年児童の有志が演奏をしていました。ピアノの演奏を聴くためにクラスの友だちが見にくるなど、子供のエネルギーあふれる会場になりました。

土曜日の放課後の展示時間には、教師の有志が会場で演奏をしました。ピアノあり、歌あり、四重奏あり、と楽しい時間でした。事前に知らせていないので、たまたまその時間に見に来た方のみのサプライズです。フラッシュモブのように司会もなく突然始まり、そのまま終わるというものです。粋な計らいができるのも、会場が空いていたせいでもあり、教職員の遊び心です。特別活動には遊び心が必要です。

会場に来ていた地域の喫茶店の方から、自分の店に六年生の作品のいくつかを飾らせてほしいというお声かけがあり、展覧会の後、場所を移して小さな展覧会が行われていました。地域の方や保護者が喫茶店に行って食事をするときに、少しでも学校の教育活動に関心が高まれば嬉しい限りです。

コラム

【展覧会での異年齢交流】よりよい集団によい共感あり

展覧会における異年齢交流活動は、異年齢での作品鑑賞と、六年生による作品ガイドの活動の2点です。

作品鑑賞は縦割り班の中の一年と六年、二年と四年、三年と五年が一緒に会場を回り鑑賞をします。そのときに、自分たちの縦割り班のメンバーの名前を探す子が

とても多く、やはり家族のような気持ちになっていることが分かります。展覧会でメンバーの作品を鑑賞した子供たちは、次の異年齢交流活動で展覧会の話題を出すことでしょう。それは時間も場所も離れてはいたものの、共感をもてるということになります。よりよい集団には、よい共感が必ずあるのです。

六年生の作品ガイドは、来校者に行うものです。これは多くの学校で行われていると思います。時間を分けて会場に詰めて、地域の方や保護者に自分から声をかけて作品の説明を聞いてもらうものです。自分のおすすめなど他の子の作品のよさをしっかり伝えることで、学校行事を自分事にしています。作品展では毎回行っているものですが、今回は密を避けるために人数を減らしていました。その分六年生一人一人の責任は重くなります。
どの子も他の学年の作品からお気に入りを見つけ、事前につくった子供にインタビューをし、どういう思いでつくったのか、どこを見てほしいのかなどを聞き取って原稿をつくっていました。お気に入りの作品を選ぶ段階で、よく知っている縦割り班のメンバーを選ぶ子もたくさんいました。インタビューを受けながら話す子供たちも嬉しそうにしていました。

○芸術鑑賞教室

コロナ禍でもっとも厳しく削減の影響を受けたのは、芸術鑑賞教室だと思われます。学校で芸術に触れなくても子供の成長には関係ないと思っている保護者は多く、密を避けることも難しいからです。鑑賞するだけなら、何としても取り組まなくてはならないとは考えていないのです。

ここで再度確認しておきたいことですが、学校行事はお楽しみの時間ではなく教育活動だということです。何を育てているか。それぞれの行事ごとにねらいに多少の差はあるものの、やはり自己実現と人間関係形成と社会参画に繋がるのです。無駄な学校行事は一つもありません。

数値で測れる認知的スキルでないことは、特別活動全般にいえることですが、社会情動的スキルを育てる上で、芸術鑑賞教室は確かに子供たちの成長に深く関わっているのです。そこまでを理解して芸術鑑賞教室に取り組んでほしいと思います。

芸術鑑賞教室は、芸術を鑑賞して感性を磨くという点では、音楽科や図画工作科と共通する目的になります。それだけならば、家族と演劇を見に行ったり、美術館に行ったりすることで代わりの教育活動になるかもしれません。けれども、特別活動のねらいはそこではなく、芸術を鑑賞して、仲間たちと同じ時間に同じ場所で同じものを見て楽しい時間を共有したという体験をすることに価値があるのです。その体験は集団の繋がりを深めることができます。なぜならその体験をした者でないと分からない思いを共有し、同じ思い出をもつからなのです。よりよい集団をつくる上で、感情の高まりを共有する芸術鑑賞教室は大変効果が高いといえるのです。

同じものを食べても、一人で味わって食べることと、友だちと一緒に味わって食べることでは、食事の意味が違うといえば理解しやすいでしょうか。

「栄養を摂取する」ことで命は繋がるかもしれませんが、家族と一緒に楽しみながら同じ

ものを「おいしいねえ」と言いながら食べる活動が、QOL（生活の質）を高めるのはお分かりでしょう。

学校では、子供たちに生きていく上で役に立つ知識や技能を身に付けさせることと同じくらい大切なのが、楽しくて豊かな時間と場所、そして仲間を提供することです。集団で楽しい教育活動を行うことが学校の大事な役割だといえます。人生の質を高めるために。

本校では劇団「風の子」さんが、密を3分の1にするために本来1回公演の内容を、3回に分けて演じることとして、演目自体も90分のものを50分に短縮してくださいました。子供がくっつかないように座る場所も指定しました。体育館の窓も全開で寒さに耐え、もちろんマスクと始まる前のト

イレ、手洗いは当然のことです。劇団側も学校も精いっぱいの配慮をして臨みました。そこまでしてでも実現したかったからです。安易に削除することは思考停止と同じで、何とかならないかと知恵を出すことが今試されていることではないでしょうか。密さえ避ければ、自分が話すことの少ない鑑賞教室はコロナ禍の中でも取り組みやすいものです。教室と同程度の密ならば話さない分、かえって安全で問題はありません。

音楽なども普段聴くことのないオーケストラやオペラなどを聞かせることで、将来聴く機会があったときに、小学校のときに聴いた体験がよみがえって関心をもつ子もいます。

演技を見ながら引き込まれる子供たちの顔、見た後の高揚した顔、確かに楽しい時間を共有したことがはっきり分かりました。体育館から教室へ戻る途中に、劇中のおもしろかった言葉をまねする子供がいて、それを聞いて笑う子供がいる。同じものを見た仲間だけが共有できる楽しさなのです。このように自分の居場所を感じる楽しい学校はつくられていくのです。

気の利いた担任なら、鑑賞が終わったらすぐに劇団の方に感想やお礼を書いたものを束ねて渡すことがよくあります。劇団の方が丁寧に読み込んであとからお礼の手紙が届くこともあります。子供たちは自分たちの声がしっかり届いたこと、感謝の気持ちを伝えられたことなどを体験することで、人と関わる楽しさを学ぶことにもなるのです。

コラム

【文化的行事の異年齢交流】様々な価値観が交わる

演劇鑑賞などが2回公演になるときは、偶数学年と奇数学年に分けるのがよいでしょう。隣接学年でないために発達段階に差があり、笑いなどを感じる場所が異なるので会場の反応が複雑になるのです。演劇は演じる者だけでなく、観客も一緒につくるものですから、下の学年の子が素直に反応することで高学年もつられて反応するし、上の学年の子がきちんとした鑑賞態度を見せることで、下の学年の子もまねをするようになります。

集団は様々な価値観が交わることがよいことなのです。演劇鑑賞教室をただの芸術との出会い程度のものではないことをしっかりと理解していれば、削除ではなく工夫することができるのです。

3 健康安全・体育的行事

健康安全・体育的行事は、簡単にいえば子供たちが元気に過ごすために行われている学校行事です。運動会ばかりが注目されますが、ほかにも保健面では身体測定や健康診断などの学校行事があります。

コロナ禍でも、保健・安全面の学校行事が削られることはほとんどありませんでした。

○身体計測

身体計測を学校行事として意識している教師は少ないでしょう。健康診断なども学年ごとに行われるものではありますが、学校行事です。心身の健全な発達や健康の保持増進などをねらっています。自分の体の成長を自覚すること、改善するべきところがあるか気付くこと、そして健康に過ごすための注意を自覚することなどがあるでしょう。ときには学級活動(2)の心身ともに健康で安全な生活態度の形成と関連することもできます。学校行事は、学級活動とは切っても切れないものなのです。

身体計測といえば大抵はクラスごとに保健室へ行って、養護教諭に言われるままに身長と体重を測るという形が多いと思います。このとき、プライバシーを守るという点を注意して、計測数値は声を出さずに、測定者が目盛りを読んで記録していますから、コロナ対策は特に必要ありません。

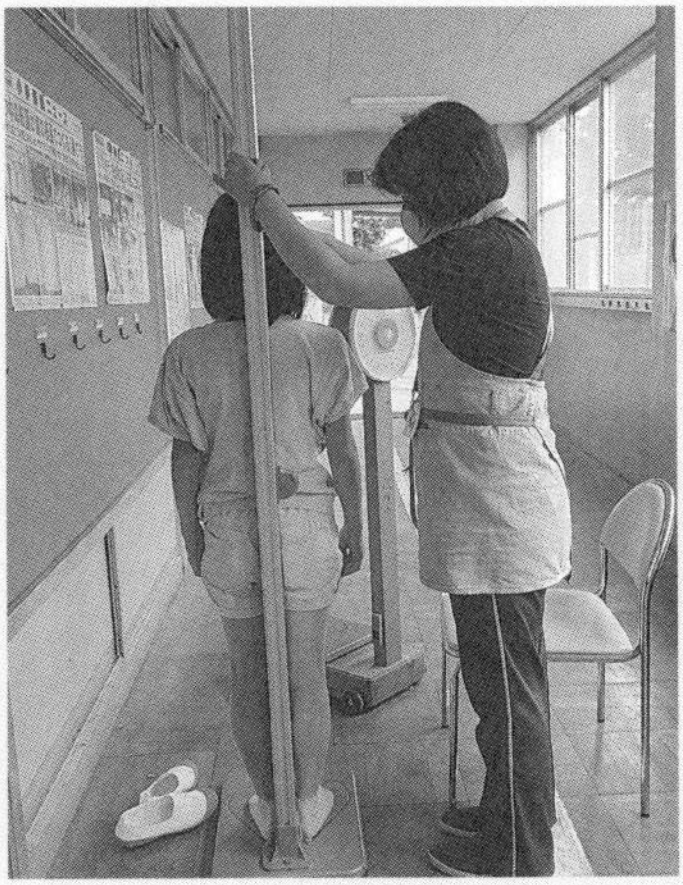

注意するべきは、順番を待っているときの子供たちです。保健室の中や廊下などで場所をとらないように小さく集まっています。ついついおしゃべりをしてしまうこともあります。

そこで本校では、養護教諭が身長測定器と体重計をもって一人で教室を回りました。ガラガラと身長測定器を教室の前の廊下まで運び、授業中に一人ずつ廊下

に出して測定をしました。授業は通常どおり進み、身長と体重を測った子供は速やかに自席に戻って何事もなかったかのように授業に参加します。その間ほんの1分程度です。そのような計測を見たこともありませんでしたが、考えてみれば確かに一人ずつが行うものですから、全員でぞろぞろと移動して順番を待っている必要はないのです。このアイディアには感心しました。コロナ禍とは関係なく新しい方法として採用していきたいと思いました。

○避難訓練

避難訓練も通常どおり行いました。訓練ですから定期的に繰り返して、説明がなくても迷わずに行動できるようにしていかなくてはなりません。地震や風水害などの天災が毎年起こり、人の命が失われます。1年間避難訓練をしないことの危険を思えば、何としても実施が必要です。まさか、コロナ禍のために避難訓練を中止したという学校はないと思いますが…。

できるだけ3密を避けるという命題は守りつつ避難することも、これからの新しい生活様式に必要なことです。

引き取り訓練では保護者の動線を考えました。入り口と出口を分けたり、廊下での待機は窓側にくっつくということで徹底したり、学年ごとに使える階段を分けたりしました。これなら混雑を避けられるので、教師が一生懸命考えることになったことが、例年どおり行うことができなかったことのよさだったといえます。おかげでスマートで効率のよい引き取り訓練の案が生まれました。来年度以降も継続する価値のあるものです。

○運動会

学校行事の代表格は運動会です。屋外で実施するとはいっても、大声を出したり、集団競技では密着したりということが予想されます。今までどおりの運動会ができないことは明白でした。

では、運動会のエッセンスは何なのか。時間を短くすること、人数を減らすこと、接触を避けること等、たくさんの制限の中で削ることができるものとできないものを真剣に考えました。

本校では運動会では「みんなでつくりあげる体験」「仲間意識を高める体験」「異年齢交流体験」をエッセンスとして押さえました。だとすると、団体競技と表現は削れないのです。

「徒競走」は個人のものですから、背の高さの違いを比べるようなもので、小学校では特に努力の賜物というわけではありません。そこで、削ろうかということになりましたが、「ここでしか輝けない子がいる」と言った教師がいて、学校行事の中に「自己実現」というねらいがある以上、「ここでしか輝けない子」の機会を奪うことはできないということになりました。

ということで、コロナ禍の中での運動会なのに、結局全部の競技を実施することになりました。

コロナ対策としては、来賓をお断りし、参観者は各家庭1名、時間で学年ごとに参観、オンライン発信などと、子供に直接関わらないところで工夫することにしました。PTAの力も借りて、参観者のチェックもしてもらいました。

未就学児童の競技とPTA競技、全校競技などの競技種目を減らすことで時間短縮をねらいました。競技数を減らすために、学年ごとに点数に差がつく団体競技と表現を合わせた演目をつくるという新しい取組も行いました。ほとんど校長の無茶ぶりです。今までのやり方

が全部通用しない上に、3密も避けながら行うわけです。その依頼に、教師は必死に考えてオリジナルのダンスや競技を考えてくれました。

大変工夫が必要でしたが結果として、表現のようだけど得点が付くという新しい演目は保護者に大変評判がよかったのです。会場には保護者席の代わりに、ビデオ撮影の場所を広くつくりました。徒競走のゴールの近くとか、表現の正面寄りとかに設置しました。

保護者は各家庭1名ですから、何としても映像を家族のために撮っていかなければならないと考えている方も多かったと思います。演技をしている子供の保護者が優先でよい位置をとることができるというルールの中、一度で表現と団体の両方の演技が撮れること、入退場の時間が省けて時間短縮になることなどがよかったようです。コロナ禍の中でなくても、来年度もこの形にしてほしいという声が多く上がりました。新しい形の運動会が一つ生まれました。

児童席では大声で応援しないように、各自がペットボトルなどで音の出る道具をつくりました。「頑張れ～！」の気持ちを込めてペットボトルを振って音を出していました。全員でペットボトルを振ると波のような大きな音になりました。手元に触れるものがあると一年生も楽しそうでした。生活科や図画工作の時間などと学校行事を連携させての取組でした。

多くの学校でも、数々の工夫をした競技が見られて楽しい運動会が展開されたことでしょう。

学年ごとに日にちを分けたという学校もありました。私には驚きの発想です。運動会は全校でやるものという固定観念を捨てたのです。確かに学校行事は学年単位でも成立します。子供たちにしては1週間くらいずっと運動会という感じなのでしょうか。休み時間に合わせて表現をすることで、子供たちはゆっくり他の学年のものを見ることができました。

すべての活動をあきらめて徒競走だけを体育の時間に見せたという学校もありました。これはもはや運動会とは言いがたいでしょう。たった一つ見せるものに徒競走を選んだという点は、保護者サービスではなく、ここでしか活躍できない子供のためだったと信じたいと思います。

運動会当日、児童席をつくらず、応援は生放送で映される教室のモニター越しに行い、自分の演技のときだけ校庭に出ていったという学校もありました。

何を大事にするかは学校ごとに違いがあってもよいと思いますが、子供の自己実現や人間関係形成、社会参画などの視点を外さないようにしなくてはなりません。

コロナ禍の中での運動会は多岐にわたりとてもおもしろいと思いました。それでも、運動会は子供たちの心に残ります。

体をいっぱいに動かして、仲間を応援して喜んだり悔しがったりすることは、すばらしい体験です。やりきってきたときの疲労と達成感を混ぜ合わせたような表情が、実に誇らしげで、この瞬間の顔はそれまでの活動で学んだことをすべて語っています。保護者も本当は子供のそんな顔を見たいのだと思います。人間は言葉よりも表情で相手の真意を理解するといわれています。形はいろいろであっても、実際に体験することで理解できるものが確実にあり、学校行事の醍醐味はまさにそこなのです。

コラム

【運動会での異年齢交流】「あこがれ」と「思いやり」の種がまかれる

本校の運動会は一年から六年までの縦割り班で座っています。五、六年生は係活動などでそれぞれの席があるため、児童席にはいません。一年から三年生までの世話をするのは四年生になります。四年生は一、二、三年の下学年の世話をすることが上学年としてのデビューになります。四年生が自分一人で面倒を見る子供は3、4人。その子たちの出番と持ち物を覚えておいて、出番が近づいたら荷物を用意するように声をかけたり、合間にはトイレや水飲み、応援のマナーまで指導します。中には即席で応援団をつくってみんなを盛り上げる強者も出てきます。もちろん四年生だけではできませんから担任がこっそり、しっかりフォローをしています。

学校全体を動かす高学年の姿、すばらしい演技の姿に児童席からあこがれをもち、一生懸命世話を焼いてくれる四年生に親しみを感じるなど、運動会のいたるところで子供たちの中に「あこがれ」と「思いやり」の種がまかれるのです。自分以外の人の姿に「敬意」を感じるという体験は、いたるところに種をまき、いずれ学校全体に「役に立つ喜び」という花をたくさん咲かせます。
まさに、社会情動的スキルの育成に直接役立つ体験活動です。

4 遠足・集団宿泊的行事

一緒にいる時間を短くすることが求められている中で宿泊的行事はできません。それがコロナ禍でのスタンダードでした。しかし、宿泊的行事は小学校時代の思い出の第1位なのです。他の学校行事以上に何とか工夫して宿泊的行事のねらいを達成することはできないかと考えてほしいと思います。

しかし、教育委員会で全校中止を示してしまった地区も少なくありません。学校の独自性や教師の発想の豊かさを信じ切れなかったということでしょうか。地域や保護者の中に蔓延する自粛警察を意識してのことでしょうか。いずれにしても実施できなかった地区の子供たちには気の毒としか言いようがありません。本校のある八王子市教育委員会は八王子市医師会から正確な情報をもらいながら、正しく恐れることを徹底し教育活動をできるだけ守ってくれました。その英断に心から感謝します。

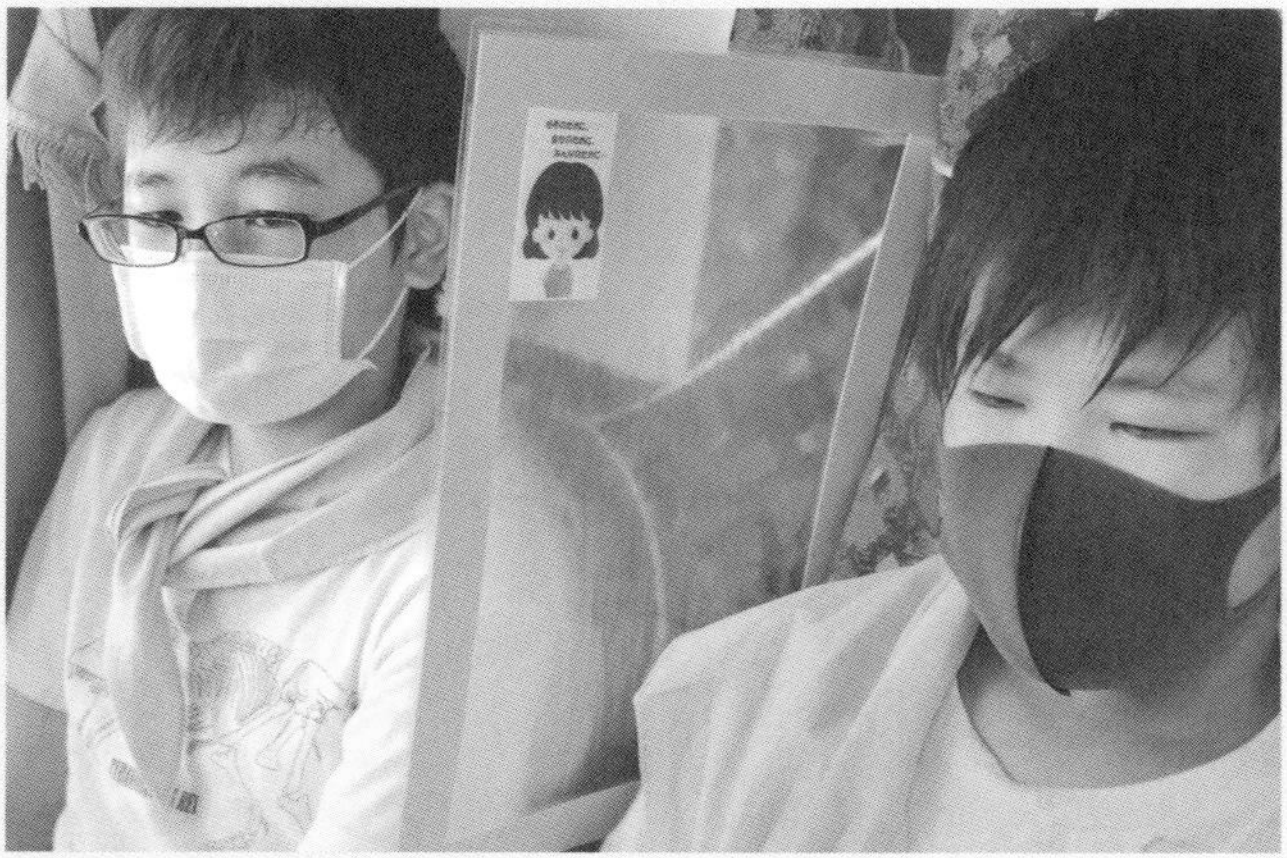

宿泊的行事の学びは、他のもので代えることが難しいのです。同じだけの教育効果を期待する教育活動をつくるには、学校では膨大なエネルギーが必要なのです。
宿泊行事に行けなかったから、代わりに日帰りでテーマパークに行ったという学校がありました。お楽しみ旅行として行くだけなら、家族で行ってもらえばよいのであって、学校が時間を使って行うことではありません。
宿泊行事ができなかったから、代わりに体育館で防災訓練を兼ねて泊まったという学校がありました。これはやり方次第です。しかし何があっても家に帰れない遠くの場所ではないし、特別な自然や文化の体験ができるわけではないので少し残念ではあります。とはいえ、子供たちがしっかりと準備をして役割を果たし、みんなで特別な楽しい時間を共有できるように教師がプロデュースできるなら、それなりの意味はあります。

予算のある地区ならば、バスを増やしてバス内の密を避けるなどして行いました。感染の広がっている地区(東京や京都などの都市)へ行くはずだったものを、感染の広がっていない地区へ宿泊地を変えたという学校もあります。宿泊学習では体験的な活動で、学校の中では学べない本物の体験をさせることが一つの目的です。学校で調べ学習を行い、現地でその検証を行うことが多くあります。

例えば、日光東照宮など神社仏閣の歴史や文化を学校で調べてから、本物を見に行くというものです。しかしコロナ禍の中では観光地は避けないとならないために、海などの人の少ないところへ変えて自然との触れ合いを重視した学校もありました。

学校行事では一つの学校行事の中でいくつかの学校行事の目的を達成するようにつくることも可能です。今、地球上の課題になっているマイクロプラスチックについて調べて、海でごみ拾いをしながら実際のプラスチックごみの様子を見てくるなどは、勤労生産・奉仕的行事と宿泊学習の両方の目的を達成することができます。

遠足として山へ行って、登山と同時にごみを拾ってくることも同様です。農家で宿泊して農業を手伝って田植えをするなども、勤労生産・奉仕的行事になります。

宿泊学習のために調べ学習を行い、現地で経験して新しく分かったことや感じたことを記録してきて、学校へ戻ってから、学芸会の劇としてつくりあげ、自分たちが学んできたことを学芸会で発表することもあります。これは文化的行事の中で発表と発信の両方を行うことができるのです。

このようにコロナ禍の中で学校行事の時数が少なくなってしまったとしても、必ず五つすべての行事の目的を達成できるように工夫して実施することが、学習指導要領の中で謳われていることに繋がります。

本校の宿泊学習では一日に11回も手を消毒していました。バスに乗るとき、バスから降りるとき、施設に入るとき、出るときごとに消毒しました。手の荒れた子供もいたことでしょう。バス内でのレクリエーションは狭い中ではできないからと、アンケートで人気のあった音楽をCDにまとめてきて流したり、クイズを行ったりしていました。ハイキングで弁当を食べるときも少人数で向かい合って食べないように注意したり、大きな輪をつくって座ったりと子供たちなりに楽しい食事になるように工夫していました。室内の食事は給食同様に前を向いて食べ、おかわりのために立ち歩かないで黙って手を挙げるというシステムになっていました。室内の会食はまだまだ高いハードルがあります。

宿泊行事で育てたい力

移動教室のねらいはいくつもあります。自然や文化に触れてくる教科学習的なものと並行して、自分たちの集団をよりよくしていくという社会性を学ぶものもあります。まさに認知スキルと社会情動的スキルの両方を育成することができるのです。

ここで、集団をよりよくするということの意味を教師が知っているかどうかで、指導の方向が全く変わります。

集団をつくる上で大事なのは役割を果たすということです。ここまでは大抵の教師は指導しています。全員に役割を与え、リーダーシップを発揮して活躍できる場を用意して、失敗しないように台本をつくり、練習をさせます。どの子も自分の役割を必死で果たそうとしています。

しかし、だからこそ学べるもう一つの技術があります。それができてこそ集団の形成者となるのです。

それは、メンバーシップです。

実際の世の中で生きていく上ではリーダーシップを発揮する場面よりも圧倒的にメンバー

シップを発揮する場面のほうが多いのです。自己実現をリーダーとしての活躍に置くよりも、メンバーシップの価値をしっかりと教える中で感じさせることのほうが豊かに生きることができるというものです。その学びの最高のチャンスが集団宿泊なのです。

すべての子供にリーダーとして役割を与えている宿泊学習の中だからこそ、リーダーはメンバーに支えられて力を発揮できるということを実感させることと、メンバーは受け身ではなく自分たちが主体的に行動してこそ集団がよくなっていくことを実感させることができるのです。

子供は社会性をもって生まれてくるわけではありません。社会の中で幸せに生きるために必要な社会性は、社会の中でこそ学べるのです。社会というのは生活ですから管理されている時間の多い学校の中よりも、生活を自分たちで管理していく宿泊学習の中のほうが何倍も効果的に学べます。だからテーマパークに遊びに行っただけでは集団宿泊的な行事とは言えないということなのです。

ここで、メンバーシップを育てた実践を紹介しましょう。

六年生の2泊3日。コロナ禍のために6月から学校が始まり、移動教室の実施は2か月後の8月になりました。3月の卒業式に参列することも、4月の入学式に参列することもなく、一年生のお世話の時間も十分にないままの六年生は、うきうきした旅行気分で移動教室に参加していました。

1日目の班長会議でのこと。

生活班と行動班どちらの班長会議も、大苦情大会でした。「○○さんがやってくれない」「声をかけても集まってくれない」「注意をしても話を聞いてくれない」等々、『くれない、くれない』の大合唱です。「自分はリーダーとして頑張っているのに」「しっかり間に合わせたかったのに」「みんなをまとめようとしたのに」の『のに、のに』の嵐です。

そのとき教師は言いました「君たちは食事係が前に出ているときに、静かに話を聞こうとしましたか」「入浴係の注意をしっかり守りましたか」「生活係の言うことを聞いて食堂に入るとき靴を並べましたか」、どれも1日目にできていないことばかりでした。

担任は続けます。「自分がリーダーのときは確かによく頑張っているけれど、リーダー以外の人の協力がないとリーダーの仕事は十分にできなかったということですね。チームというのはリーダーだけが頑張ってもよいチームにはなれないのです。リーダーシップという言葉は知っているかもしれないけれど、メンバーシップというのもあるのですよ。メンバーの頑張ることは移動教室のしおりには書いていないけれど、メンバーとして頑張ることが、よ

い移動教室に繋がるのです。それぞれの係のリーダーの頑張りを大事にして、しっかり協力することも大事な仕事です。『〇〇してくれない』とか『〇〇しているのに』などという人がいるのはよいチームではないということです。この話を自分のチームのメンバーにも伝えてください。移動教室では全員が何かしらのリーダーなのですから」

　子供たちは思い当たることがありました。自分がメンバーのときのことを思い出し、自分がリーダーで苦労したときのことを思い出し、メンバーシップという言葉がすとんと落ちたようでした。それぞれが部屋へ戻り、子供なりの言葉で伝えたのでしょう。翌朝ハイキングに出かけるときの整列は、各自が自覚をもって時間を守っていました。朝の会で、校長から再度全体に向けて、リーダーシップとメンバーシップの話をしました。全体に話すことで、全員にその価値が共有されるのです。

2日目の夜の班長会議でのこと。

「○○さんがこうしてくれたので、うまくいきました」「時間が遅れそうなとき、声をかけ合ってくれて間に合いました」と『くれた、くれた』の大合唱です。1日前に『くれない、くれない』と目を吊り上げていた子供たちが、やさしい気持ちでメンバーを評価していました。宿泊学習は夜通しの時間があります。子供たちは眠っている中で前日の学びを熟成させるのです。そして翌日すぐに再チャレンジして成果を感じることができます。みんなが同じ場所で、同じことを体験することは言葉で教える何倍もの教育効果があるのです。互いを思いやって行動することを覚えた子供たちは、気持ちよく帰っていきました。

さらに、そこでの学びはそのあとの子供祭りや運動会などでの六年生としての行動に繋がりました。まさに人間関係を形成しながらよりよい集団をつくっていくという力が汎用的な能力として発揮できたということです。

彼らは一生この感覚を忘れないでしょう。遠足・集団宿泊的行事が、小学校生活の一番の思い出になることが多いというのもよく分かります。

コラム

【宿泊行事での異年齢交流】六年生から学び、次の年に行う素敵な循環

宿泊学習は単学年で行うことが多いので、異年齢交流の時間はつくりにくい学校行事です。

しかし、本校では五年生が5月に1泊の移動教室に行きました。その際に六年生が早朝から見送りに参加してくれるのです。もちろん五年生にはサプライズです。横断幕をつくり見送られた五年生は六年生が大好きになることでしょう。さらに、六年生が五年生の教室を掃除して黒板に「お帰りなさいメッセージ」を残してくれます。帰ってきた翌朝、教室がきれいでワーッとなるのです。それは6月に六年生が移動教室に行ってきたときに教室をきれいにしておくという五年生のお礼の気持ちを表す行動にも繋がります。人を喜ばせる方法を六年生から学び、次の年の五年生にやってあげるようになるのです。素敵な循環です。

六年生の移動教室では、一年生がてるてる坊主をつくってプレゼントしています。一人一人がリュックにつけられるような小さなものをつくるときもありますし、大きなてるてる坊主をつくって、バスのフロントに飾ってもらって、自分たちのバスの目印に使えるようなものまであります。その時々の一年生の発想ですが、もらった六年生はとても嬉しそうです。

5 勤労生産・奉仕的行事

学校行事の中でも、あまり注目されていないのが勤労生産・奉仕的行事です。特にコロナ禍の中では老人施設や幼稚園・保育園との交流なども全くできなくなったのではないでしょうか。勤労生産活動として取り組まれる田植えなどの活動も五年生だけが社会科や総合的な学習の時間の中で行っているという学校もあります。

しかし、実生活の中で、勤労生産・奉仕的な活動はたくさんあります。例えば、災害ボランティア、挨拶運動、地域清掃活動、防火の呼びかけ夜回り、廃品回収、里山づくりなどです。

これらの活動は、町内会や、青少年育成団体、子ども会などの任意団体によって行われます。災害ボランティアも災害本部に登録して集団で行うものです。いずれも活動そのものが楽しいというよりは、人の役に立つことが嬉しい、仲間と社会のためになることをしたいなどという生き方の表れです。

幸せの価値を金銭的な貧富だけで測るのではなく、人のネットワークの豊かさや、役割を果たしながら自己肯定感を感じることなどに置いた生き方なのです。もちろん募金活動などの支援の仕方もあります。金銭的な余裕があるならそれもよいでしょう。どのような形にしろ、人は支え合って生きていくことに価値を見出せるように育てたいと思います。育てたい資質の「人間性の涵養」という中に含まれることです。

そうなると、五つの学校行事の中で、もっとも社会生活で役立つ資質・能力を育成するのは、勤労生産・奉仕的活動と言えるかもしれません。

学校の中では、大掃除・全校落ち葉掃き・学校農園などのほかに、その土地ごとにある仕事を体験する勤労生産体験などがあります。また老人施設や幼稚園などの訪問活動なども考えられます。他の学校行事とコラボして、ごみ拾い×遠足などというものもあります。

本校では、学校教育目標を「役に立つ喜びを知る子」としています。勤労生産・奉仕的活動を進んで行い、持続可能な社会を形成しながら、そのこと自体で自分が豊かになっていくことのできる人間になってほしいからです。

一つの取組として、六年生は総合的な活動の時間で学習した、日本遺産の高尾山についてのガイドを登山客に行って高尾山のよさを知ってもらうという活動があります。実際は登山客にガイドをさせてもらっているという感じではありますが、子供たちの説明を嬉しそうに聞いてくれる大人たちのおかげで、子供たち自身は自分たちのふるさとの山である高尾山をもっと好きになってもらうための町おこし活動に貢献していると信じています。

コラム

【勤労生産・奉仕的活動の異年齢交流】みんなで一緒に働き、達成感を共有

奉仕活動として「全校落ち葉拾い集会」を行います。これは縦割り班で指定された場所の落ち葉を拾うという活動です。竹ぼうきや熊手を使って落ち葉を集める子やビニール袋に詰める子、重くなった袋を本部まで運ぶ子など役割分担をしています。

低学年は軍手をして落ち葉を手で集めています。狭い垣根の間などは体の小さい一年生が入り込んで、落ち葉と一緒にごみも集めてくるなど大活躍です。遊んでし

まいがちな低学年に声をかける中学年もいます。

ほんの20分間の活動ですが、全校で行うことでビニール袋に50袋くらいは集まるので達成感があります。高学年が抱えているビニール袋を後ろから押さえている低学年の様子など、秋の気持ちのよい朝に素敵な姿を見ることができます。

みんなで一緒に働くことで、達成感を共有できることになります。一人一人が役に立つ喜びに触れることができるのです。

また、コロナ禍のために延期になってしまいましたが、六年生が幼稚園に行って保育を手伝う活動や、五年生が年長さんたちを招く集会をしたり、就学時健康診断のときに誘導を手伝ったり、控室で待っている子の相手をしたりする活動も行います。五年生と年長さんとの関係をつくることは、翌年度の一年生と六年生の関係になります。入学前から異年齢交流活動に取り組むことができるのです。

III 学校行事のこれから

学校行事はもともと教育課程の中に含まれていませんでした。教科と教科以外というくくりでした。しかし子供の発達のために必要な活動として認められて、昭和三十三年の学習指導要領から「学校行事等」として明記されるようになりました。さらに昭和四十三年の学習指導要領からは「学校行事」として特別活動の中に再編成されました。

しかし、学校の勉強はテストの点で評価するという認知的スキルの獲得に押されて、算数ができる子は頭がいい、偏差値の高い学校に入った子は頭がいい、などと評価されるようになりました。

とはいえ、現実に大人になって働くために社会に出たときに、必要とされる力はテストの学力ではなく、感情のコントロールやコミュニケーション能力、そして意欲などの社会情動的スキルです。これらを育てるのは特別活動の得意なところですが、中でも学校行事のスケールの大きな実践は、大きな感動や達成感を味わわせることができるために効果も大きいのです。

これからの時代は、個別最適化も大切になります。平均的な学習をみな同時に行うことよりも、ICTを使った一人で取り組む学習が増えるでしょう。しかし、そこで身に付くのは初めに述べた認知スキル（知識・技能、思考力・判断力・表現力）です。それらを生活の中で使えるように生かすのは、学びに向かう力であり、仲間と共に活動する人間性の涵養などの社会情動的スキル（非認知能力）です。

学校行事が教科等とカリキュラム・マネジメントすることは、教科等の学びを深めたり実社会で汎用的な力にしたりする上で役に立ちます。同時に学校行事の中で発信していくことを目的としたときには、発信する中身を各教科で充実させることができます。そして、認知的スキルと非認知的スキルは互いに影響を及ぼし合いながら育ち合うのです。

学校は異なる年齢の、異なる個性のある子供たちの集合体です。そこで学ばせる価値は決して個別最適化を主たる目的とはしていません。自分のよさを感じるのは、人に自分の姿を映したときなのです。自分の役割を感じるのも、人と一緒に課題を乗り越えることができた

ときなのです。

学校行事は、学級活動や児童会活動と連携しながら規模の大きな課題を越えていく活動です。保護者や地域に対して発信したり、社会の中で通用する汎用的な能力を育成したりすることができます。

コロナ禍の中で、削減の危機に直面し、学校行事はその存在意義を問われました。そして、改めて必要な活動のエッセンスを確認して、質の高い活動として生まれ変わる機会をもらえたと思っています。

日本中の教師たちが、学びに向かう力、人間性の涵養を最終ゴールとして目指すために、さらに学校行事に真摯に取り組まれることを心から祈ります。

著者プロフィール

安部恭子（あべきょうこ）

文部科学省教科調査官

埼玉県さいたま市の小学校に勤務後、さいたま市教育委員会、さいたま市立小学校教頭勤務を経て、2015年より文部科学省初等中等教育局教育課程課教科調査官・国立教育政策研究所教育課程研究センター研究開発部教育課程調査官を務める。主な著書に、『特別活動で学校を楽しくする45のヒント』（文溪堂）など。

平野　修（ひらのおさむ）

熊本県熊本市立帯山西小学校校長

熊本県小学校特別活動研究会会長、小学校学習指導要領解説特別活動編作成協力者を務める。主な著書に、教育技術MOOK『まんがでわかる！学級経営と学級会』（小学館）など。

清水弘美（しみずひろみ）

東京都八王子市立浅川小学校校長

全国学校行事研究会会長、小学校学習指導要領解説特別活動編作成協力者を務める。世界で取り組まれている子供たちの主体的な活動であるDesign for Changeの活動にも力を入れる。主な著書に、『特別活動でみんなと創る楽しい学校』（小学館）など。

楽しい学校をつくる特別活動

2021年11月20日　初版第1刷発行

校　正：目原小百合
装幀・本文デザイン：trispiral　藤崎知子

編集協力：浅原孝子
編　集：和田国明

発行人：杉本　隆
発行所：株式会社　小学館
〒101-8001
東京都千代田区一ツ橋2-3-1
編集　03(3230)5389
販売　03(5281)3555
印刷所：三晃印刷株式会社
製本所：株式会社若林製本工場

造本には十分注意しておりますが、印刷、製本など製造上の不備がございましたら「制作局コールセンター」（フリーダイヤル0120−336−340）にご連絡ください。（電話受付は、土・日・祝休日を除く9：30〜17：30）

Printed in Japan
ISBN978-4-09-840210-6